世界五千年
科技故事丛书

卢嘉锡题

世界五千年科技故事丛书

硝烟弥漫的诗情

诺贝尔的故事

丛书主编　管成学　赵骥民

编著　刘学铭

吉林出版集团｜吉林科学技术出版社

图书在版编目（CIP）数据

硝烟弥漫的诗情：诺贝尔的故事 / 管成学，赵骥民主编.
-- 长春：吉林科学技术出版社，2012.10（2022.1 重印）
ISBN 978-7-5384-6148-0

Ⅰ.①硝… Ⅱ.①管… ②赵… Ⅲ.①诺贝尔，A.B.（1833~1896）
－生平事迹－通俗读物 Ⅳ.①K835.326.13-49

中国版本图书馆CIP数据核字（2012）第156343号

硝烟弥漫的诗情：诺贝尔的故事

主　　编	管成学　赵骥民
出 版 人	宛　霞
选题策划	张瑛琳
责任编辑	潘竞翔
封面设计	新华智品
制　　版	长春美印图文设计有限公司
开　　本	640mm×960mm　1 / 16
字　　数	100千字
印　　张	7.5
版　　次	2012年10月第1版
印　　次	2022年1月第4次印刷

出　　版	吉林出版集团 吉林科学技术出版社
发　　行	吉林科学技术出版社
地　　址	长春市净月区福祉大路 5788 号
邮　　编	130118
发行部电话 / 传真	0431-81629529　81629530　81629531 81629532　81629533　81629534
储运部电话	0431-86059116
编辑部电话	0431-81629518
网　　址	www.jlstp.net
印　　刷	北京一鑫印务有限责任公司

书　　号	ISBN 978-7-5384-6148-0
定　　价	33.00元

序 言

十一届全国人大副委员长、中国科学院前院长、两院院士

(签名)

　　放眼21世纪，科学技术将以无法想象的速度迅猛发展，知识经济将全面崛起，国际竞争与合作将出现前所未有的激烈和广泛局面。在严峻的挑战面前，中华民族靠什么屹立于世界民族之林？靠人才，靠德、智、体、能、美全面发展的一代新人。今天的中小学生届时将要肩负起民族强盛的历史使命。为此，我们的知识界、出版界都应责无旁贷地多为他们提供丰富的精神养料。现在，一套大型的向广大青少年传播世界科学技术史知识的科普读物《世

界五千年科技故事丛书》出版面世了。

由中国科学院自然科学研究所、清华大学科技史暨古文献研究所、中国中医研究院医史文献研究所和温州师范学院、吉林省科普作家协会的同志们共同撰写的这套丛书，以世界五千年科学技术史为经，以各时代杰出的科技精英的科技创新活动作纬，勾画了世界科技发展的生动图景。作者着力于科学性与可读性相结合，思想性与趣味性相结合，历史性与时代性相结合，通过故事来讲述科学发现的真实历史条件和科学工作的艰苦性。本书中介绍了科学家们独立思考、敢于怀疑、勇于创新、百折不挠、求真务实的科学精神和他们在工作生活中宝贵的协作、友爱、宽容的人文精神。使青少年读者从科学家的故事中感受科学大师们的智慧、科学的思维方法和实验方法，受到有益的思想启迪。从有关人类重大科技活动的故事中，引起对人类社会发展重大问题的密切关注，全面地理解科学，树立正确的科学观，在知识经济时代理智地对待科学、对待社会、对待人生。阅读这套丛书是对课本的很好补充，是进行素质教育的理想读物。

读史使人明智。在历史的长河中，中华民族曾经创造了灿烂的科技文明，明代以前我国的科技一直处于世界领先地位，涌现出张衡、张仲景、祖冲之、僧一行、沈括、郭守敬、李时珍、徐光启、宋应星这样一批具有世界影响的科学家，而在近现代，中国具有世界级影响的科学家并不多，与我们这个有着13亿人口的泱泱大国并不相称，与世界先进科技水平相比较，在总体上我国的科技水平还存在着较大差距。当今世界各国都把科学技术视为推动社会发展的巨大动力，把培养科技创新人才当做提高创新能力的战略方针。我国也不失时机地确立了科技兴国战略，确立了全面实施素质教育，提高全民素质，培养适应21世纪需要的创新人才的战略决策。党的十六大又提出要形成全民学习、终身学习的学习型社会，形成比较完善的科技和文化创新体系。要全面建设小康社会，加快推进社会主义现代化建设，我们需要一代具有创新精神的人才，需要更多更伟大的科学家和工程技术人才。我真诚地希望这套丛书能激发青少年爱祖国、爱科学的热情，树立起献身科技事业的信念，努力拼搏，勇攀高峰，争当新世纪的优秀科技创新人才。

目　录

守护在病床边的母亲

1833年10月21日，阿尔弗雷德·诺贝尔生于瑞典首都斯德哥尔摩城北的一幢灰色的石头房子里。他是诺贝尔家的第三个儿子。

在他出生前两年，他家的生活条件还是相当优越的，在高级住宅区里曾拥有一所漂亮的府第。可是，他母亲在怀他那年，家门惨遭不幸，一把大火把房子烧得片瓦无存，全部家财都葬入了火海。不久，父亲的建筑承包商生意也因经营不善而破产了。这位不甘沉沦的汉子，便抛下妻儿，到异国他乡去碰运气。

阿尔弗雷德从出生那一天起，就体质孱弱，疾病缠身。他脸庞窄小，胳膊腿儿精细，皮肤苍白，青筋暴起，只是浓眉下那双炯炯有神的大眼睛闪烁着生命的光焰和坚强的意志。

但是，他病弱躯体内所蕴藏的生命力，难以同频发的疾病相抗争。他之所以能活下来，是因为仰仗着他母亲深情的母爱。

阿尔弗雷德的母亲觉得，只有把自己的爱心和意志灌输到这个病孩的心灵中，才能增强这个一直把摇篮当病床的小患者对疾病的抵抗力。

关于幼年时的情况，阿尔弗雷德曾经写道：

我的摇篮多年来仿佛一张病床

母亲忧心忡忡守护在一旁

难保一阵风过

吹灭这闪烁不定的烛光……

从这几句诗中可以看出，在阿尔弗雷德身卧病床痛苦的时刻，母亲卡罗琳常守候在他身边，用母爱编织的屏障，来阻挡索命的阴风，以确保那生命的烛光长明……

母子俩相依为命，病孩需要照料，照料病孩又是做母亲的精神慰藉和生活内容。她从物质上、精神上和感情上千方百计地满足儿子的需求，悉心料理他的衣食，为他读书、讲故事，窄小的病房变成开阔、温馨的世界，使阿尔弗雷德病魔缠身的童年时代闪烁着幸福之光。阿尔弗雷德曾以充满深情的诗句，来抒发自己的感受：

在那年龄爱神不会赠你玫瑰，

也不滋生荆棘糟蹋美丽的心田，

心房一直在那平稳地搏动，

不会因幸福或悲伤而忐忑不安。

只有母亲的亲吻让小脸儿笑开了花，

笑容里流露出天真和喜欢。

这种欢乐掀不起汹涌的浪涛，

泪水也不会浸透着辛酸。

到了成年人平静的日子，

断了奶，却断不了慈母亲切的关怀和温暖。

我俩一起欢呼仙境般的未来，

用希望之光照亮美好的前途，

那希望之光啊，是稚嫩的灵魂深处的光焰。

就这样，母爱使他的头顶笼罩着一个热爱生活、憧憬未来多彩的光环。

阿尔弗雷德在母亲的悉心照料下，终于离开了病床。虽然他还不很健壮，但总算活过来了。

阿尔弗雷德与两个哥哥的关系非常融洽，他一向将两个兄长作为自己学习的榜样，无论哥哥们做什么或者说什么，他都目不转睛地看，聚精会神地听。这表明他对哥哥们说的和做的事，不仅完全了解而且很感兴趣。

　　他之所以那么敬重两个哥哥，一方面是由于他具有虚心好学的习惯，另一方面是因为他的哥哥们都是禀赋优异的少年。大哥罗伯特比他大4岁，敏于观察，心灵手巧，是块工艺师、发明家的材料；二哥路德维格比他大两岁，勇敢机智，能言善辩，颇具领导和外交才能。

　　阿尔弗雷德也有他过人之处，那就是他令人惊奇的智慧。有时候，他的一个想法、一个见解，都是那么不同凡响，竟使母亲感到狂喜和战栗，她一手拉扯大的病儿，是根天才苗子！

　　光阴荏苒，转眼间阿尔弗雷德已经8岁，到了入学年龄了。这位好学的孩子，每天看着哥哥和小朋友们背着书包上学，也急不可待地问母亲：

　　"妈妈，我长大了，什么时候让我上学啊？"

　　这时，母亲卡罗琳的心头便掠过一道暗影，心情非常矛盾。她想，孩子已经8岁，该上学了。可是，他是个从来没离开过家门和母亲的软弱孩子，一旦投身到陌生人的圈子里，那些粗暴的孩子欺辱他，不怀好意的孩子要笑他，他能忍受得了吗？但是，这一步总得走，不能把孩子总置于自己的保护伞下呀！她终于下决心让孩子上学。她做这样的决定时，心里隐隐作痛。

一天，阿尔弗雷德悄悄地走进厨房，来到正在切菜的母亲身旁，又向妈妈提出那个老问题：

"妈妈，我什么时候能上学啊？"

母亲一听这话，握菜的手一抖，她忙把手从菜板上移开，眉头微微地皱了一下。

儿子见鲜血从妈的手指上流了出来，又惊慌又心疼地说：

"妈，你切到手了！都怪我，又用上学的事烦你……妈，以后我再不提上学的事了，我在家陪着你……"

儿子哭了，哭得很伤心；妈妈也哭了，哭得更伤心。她俯下身来，用双臂将矮小瘦削的阿尔弗雷德揽在怀里，声泪俱下地说：

"不，孩子，你该上学了。从明天起，你就去上学吧……刚才，怪妈不好，感情太脆弱。你是个男子汉，应该像你爸爸那样，性格要刚强……"

一提到孩子的爸爸，当妈的心中又想起只身在海外谋生的丈夫，他离家已经4年了。这漫长而又艰辛的4年啊，她过的是一种同弃妇相仿的生活。不过，她与弃妇不同的是，尽管丈夫在外长期杳无音信，她自己领着三个未成年的孩子，在寂静愁苦中蹉跎岁月，但她仍把他当做精神依靠和支柱，每当遇到大喜大悲的事情，在心情大起大落的时候，总是默默地向远方的亲人倾诉。

这会儿，她眼看着病弱的三儿子将要离家上学，不由得悲喜参半、百感交集，她又默默地同寄身于异国他乡的丈夫对话了：

"亲爱的，我们在最贫困的时候，生了那个体弱多病的孩子，几经危难终于死里逃生地活过来了，个头长高了。如今他已到了上小学的年龄了，明天就要上学去了。你得知这个消息时，一定会有我此时此刻的心情吧……"

第二天，阿尔弗雷德高高兴兴地背着书包上学去了。令母亲感到惊奇的是，他居然很快就适应了学校的环境，一心扑在功课上，全神贯注地听讲，如饥似渴地学习，他忘了自己体弱多病，健康状况反而渐渐地好转起来。

每当母亲问起他对学校学习生活的感受和适应情况时，他都爽快地回答

"一切都很好！放心吧，妈妈。我在学校里没有什么

不如意的地方。"

　　不过，阿尔弗雷德的话有报喜不报忧的成分。其实，他在学校里也有苦恼和忧愁的事儿。那就是他感到孤独、不合群。当小朋友们高高兴兴地在一起游戏的时候，他只能站在圈外旁观，用他自己的话来说，那就是他"拒绝了童年的欢乐，一心所想的只是未来的时光"。

　　他曾在一首小诗中写出当时那种离群独处的心境：

好容易长成少年，

病弱仍把我陪伴。

在这个世界上，

我是个与众不同的人，

小伙伴玩得热火朝天，

我却只能默默地站在一旁观看。

我这颗与少年的欢乐无缘的心，

只能朝着未来，

把希望寄托给明天。

　　阿尔弗雷德发觉，他对同学们避而远之的态度，不仅使自己陷入孤苦无助的境地，而且还引起他们的憎恶和歧视。为了摆脱这种困境，他曾一反常态，去参加格斗、足球赛等激烈活动。他本想在同学们面前显露一手，借以改变一下自己在他们心目中的形象，怎奈他体力不支，一时的冲动反而导致旧病复发。

为改变自己的孤立状态所做的种种努力失败后，他丧失了在同学间交友的信心，便默默地同大自然亲近。他常常喜欢一个人到田野、丘陵、河边去，与在野草繁花间嬉戏的蝴蝶、蜜蜂、昆虫、青蛙、田鼠等小动物广交朋友……

他渐渐地把自己融化在大自然之中，在那里他找到了精神寄托和心灵归宿。那蔚蓝的天空和浮动的白云，那形形色色的动物，那千姿百态的花草，是那么富有魔力地扯动着他的心魂，使他惊叹大自然的完美和生命力的神奇。

这么看来，童年时孤独的生活环境，虽然使他体验到人世的孤寂与烦恼，但同时也培养了他观察自然的爱好，他把自然当做一本最好的教科书来加以研究，从中体验到赏心悦目的审美情趣。

在学年考试中，阿尔弗雷德显示了令人惊异的实力，尽管他因体弱多病上课率最低，可是全部学科都得了最高分。在同年级的82人中，只有两个人取得了这样优异的成绩。

阿尔弗雷德就读的那所学校，是斯德哥尔摩的圣雅各布高级卫道士小学。在这所学校里，他所受到唯一正规的学校教育，为他后来成为举世闻名的发明家、企业家奠定了广泛而坚实的语言和知识基础。遗憾的是，他短暂的学校生活，很快便因家庭的外迁而终止了。

背井离乡的父亲

本书主人公阿尔弗雷德·诺贝尔的父亲伊曼纽尔·诺贝尔，是一位富有传奇色彩的人物。他的兴衰起伏、风云莫测的生涯，对他的家庭及其后代产生了重大影响。

伊曼纽尔·诺贝尔身体健壮，机警干练，足智多谋，14岁那年被送去当水手，跟随着远洋帆船出海。

当他站在桅杆前面，任凭清冷而又潮湿的海风吹拂着他亚麻色的乱发，凝望着天海交融的海平面上掀起的巨浪，不由得心潮起伏。他决定在国外闯荡江湖，不成就一番事业，不混出个人样儿来，誓不回家。

伊曼纽尔所在的远洋帆船在埃及靠岸后，他便悄然地离开了货船。从此，他便浪迹街头，白天找些零活干，赚几个小钱糊口，夜晚或露宿在公园的墙角下，或蜷睡在汽车站的长凳上，或躲在下等酒吧间的过道中，或藏身于廉价店房的地下室。他虽然吃尽漂泊流离之苦，但他雄心未泯，壮志犹存，寻求和等待着时机。

有一天，他终于时来运转。这位聪明、机敏的青年，被总督默哈穆德·阿里发现了，竟破格起用这位流浪汉当建筑师。

他原本读书不多，没有受过严格的科学训练，缺乏系统的理论知识修养。他之所以能承担起建筑师的重任，全凭悟性与直觉，观察和实践。他在国外经历了千辛万苦，过了三年充满磨难和艰险的生活，积累了一笔数量有限的钱财和受用终生迎接生活挑战的胆识与经验，于1818年返回他的祖国瑞典。

不久，生活又给他提供了机遇，瑞典国王查理四世及其随驾人员要路过他的家乡耶夫勒。这对一般平民百姓来说，充其量不过是在平静的生活中，多了一条街谈巷议的新闻而已，但伊曼纽尔却认为，这是一个千载难逢显示自己才能，甚至可以改变自己命运的良机。于是他便模仿罗马凯旋门的样式，建造一座向国王表示敬意的凯旋门。

伊曼纽尔此举获得了预期效果。国王及其随从看过他的杰作后，一方面对仓促间能建成如此宏伟壮观的建筑物表示赞叹，另一方面对在这样偏僻的小镇竟有这般高人表示惊喜。他的建筑才能当即受到了王室的赏识，并得到了瑞典两位杰出建筑师的青睐，积极资助他进一步深造。从1821年到1825年之间，他每年都得到斯德哥尔摩建筑学校的奖学金。他对绘画和机械建筑都有浓厚的兴趣，在耶夫勒学了一年建筑艺术之后，进了斯德哥尔摩工艺学院建筑系。在学习期间，因成绩优秀兼任这座学院机械系的设计员和助教，并数次荣获建筑和机械制造奖学金，受到学院三次奖励。不过，他把时间和精力大都投入到发明和创造上。因此，他并没有读到毕业。在学习期间，他申请三项专利，其中两项因没有新创意而被否决，而第三项专利是将旋转运动变为往返运动的变换器，因设计新颖，具有实用性而得到社会的首肯和好评。

　　伊曼纽尔在学校期间发展起来的发明创造的欲望，不仅是他毕生为之奋斗的动力源泉，而且也是引导儿子们潜心这项事业的直接动因。

　　由于在建筑技术方面受到良好的训练，他在斯德哥尔摩完成了不少新的建设项目和建筑工程。1835年，他开设了瑞典第一家橡胶工厂，生产有弹性的胶布和外科、军用及工业用具，其中包括他亲自发明和设计的用弹力胶做成的成套军用背包、床垫、救生衣和浮桥部件等产品。

然而，在这位发明家前进的道路上，并没有喝彩的人群，也没有洒满阳光和鲜花。相反，他像一切走在时代前头的探索者一样，遭受到墨守成规的人的歧视和误解。此外，他还像某些天才发明家那样，经常被新的创意和想法折磨着，使他食不甘味，寝不安枕，并且为自己的奇妙想法而倾家荡产。

伊曼纽尔热情奔放的性格，好像是点燃他创造欲望的火种，而他的想象力一经爆发，便常常失去控制。有时他的创意虽然是真假与对错参半，但他总是盲目乐观，忘乎所以。不过，他像一切思维敏捷、情绪无常的发明家和艺术家一样，顺利时得意忘形，挫折时先是气急败坏，继而心灰意冷。但不久他冷却的心，又被新的创造发明所加温，于是又开始了情绪大起大落的新周期……

如果说伊曼纽尔的创意都是不着边际的，那也不公道。其实，有的创意是颇具实用价值的。当开凿苏伊士运河的消息传开时，又激起了伊曼纽尔的创造欲望。他要发明一种烈性炸药，以加速运河、隧道和筑路的工程速度。

从此，他的命运、他的家庭兴衰和儿子们的前程，便同那令人望而生畏的炸药联系在一起了。

1837年的一天早晨，阿尔弗雷德和两个哥哥还沉睡在梦乡，忽然从后院传来一声震天动地的巨响，被惊醒的孩子们匆忙赶到出事现场。这时，受惊的邻居们也纷纷聚集到院子里，对伊曼纽尔大喊大叫。

伊曼纽尔正面带笑容地站在制造炸药的实验棚子前面，正为一种新炸药的配方成功而兴高采烈。他耐心地向邻居们解释：这种试验是小规模的，不会发生任何危险。可是，他的解释却进一步激起了众怒，大家指手画脚，高声训斥，对他展开围攻。

后来这次事件的影响进一步扩大，市政当局出面禁止伊曼纽尔进行爆炸试验。他为了自己的科学试验，早已债台高筑了。债主们原指望他试验成功分享其利，而今见他试验被禁止，便纷纷上门逼债，扬言如不按期还债又提不出可令人信服的新保证，将送他去坐大牢。

很久以来，伊曼纽尔就有离开瑞典到海外去发展的念头。现在市政当局发布了停止他试验的禁令，使他想通过研制炸药来改变经济困境的希望破灭了，从而去海外发展的念头更强烈了。

有一个俄国政界人物哈尔特曼博士，曾经率领商业代表团访问过瑞典首都斯德哥尔摩。伊曼纽尔不失时机地拜访了他，极力向他宣传他的炸药试验前景和实用价值，想引起俄国军界对这项试验的兴趣。哈尔特曼博士似乎对他的试验也真的很感兴趣，建议他迁居芬兰，继续这项研究工作，并同圣彼得堡建立联系。

性情活跃、喜怒无常的伊曼纽尔远走他乡之后，家里一下子变得凄苦而又冷清。对家庭气氛的突变，阿尔弗雷德的两个哥哥都不习惯了。他大哥罗伯特一清早就离开死气沉沉的屋子，整天不着家，大部分时光在圣雅各预备学校消磨；二哥路德维格一有机会就溜之大吉，找小伙伴们玩耍。只有阿尔弗雷德感到轻松，因为他不喜欢，甚至害怕父亲在屋子里砰砰的踱步声和打雷般高声讲话的样子。其实，父子俩的不和也许在阿尔弗雷德儿提时期就开始了，后来竟发展到研究思想上的大相径庭、性情上的格格不入。

不久，伊曼纽尔从芬兰来信，说他已经找到了试验炸药的机会。他正在两个方面进行试验：一是用来保卫据点和城镇的地雷，二是保卫海港的水雷。等这两项研究经过改进，确保在演习时能取得令人信服的效果后，再找机会向俄国军队表演他的新发明。

一年又一年过去了，转眼间伊曼纽尔离开家已经有4个年头了。这其间，他很少来信，依他的外向型性格，有一点点儿好事都会兴高采烈地向家里人报喜的，书信少说明他这几年在外边并没找到发迹的机会，甚至可以想象他生活得并不顺心如意。

有一天，阿尔弗雷德放学回家，发现母亲和两个哥哥都很高兴。原来是收到了父亲的一封报喜信，说有一位很懂技术的俄国将军伊盖尔夫，曾经考察了他的工作，答应为他争取在一个由专家组成的委员会面前做一次地雷和水雷试验的机会。这位将军还答应，只要财力许可，就可以建厂生产，由他俩合伙经营。

过了一段时间，伊曼纽尔又从俄国都城圣彼得堡寄来一封信，信上说已经进行过一次地雷和水雷试验，许多高级军事专家都出席了。这次试验表演获得了巨大成功，他使一连串的地雷同时爆炸，一时间，山摇地动，硝烟滚滚，火光冲天，摧毁了一片广袤的地区。当时若有一个纵队敌军来犯，至少可以把50名入侵者送上天。

这次表演给委员会留下了极其深刻的印象，伊曼纽尔也因此获得一笔相当可观的奖金。他用这笔钱建造了一个翻砂车间和一座制造小型快速点火器的工厂。由于有俄国军方伊盖尔夫将军合伙经营，因此来自陆军方面的武器订货单源源不断。伊曼纽尔很快地为自家购置了一幢房子，并亲手安装上他最新发明的暖气设备。

现在诺贝尔一家总算是时来运转了，正面临着美好的前景：财产、名誉以及无穷尽的发展机会。这时，阿尔弗雷德的大哥罗伯特受到了父亲巨大成功的影响，一心要奔向父亲的身边，他又像当年父亲那样，只身登上了开往海外的货船。

迁居圣彼得堡

北欧的冬天，漫长而又黑暗。那半年左右的风雪和寒夜，实在令人难熬。那里的天空宛如倒扣着的一口铅锅，阴沉沉地低垂着，压得人透不过气来。

新年来临了。诺贝尔一家又度过了一个父亲不在的凄清、暗淡的圣诞节。

母亲是个虔诚的教徒，每逢星期天或者假日，总要领着孩子们去教堂，跪在圣像前为身在异国他乡的丈夫祈祷。

光阴似箭，转眼间冬去春来，枝头染上了一片新绿，向阳的草坡吐出嫩芽。一到春光明媚的季节，北欧人就像冬眠的动物一样，从沉睡中醒来，神清气爽地投身于阳光普照的大自然。

每逢这个时节，诺贝尔家的孩子们，总是登上离家不远的一座小山丘，坐在软绵绵的草坡上，放眼眺望斯德哥尔摩港，眼望停泊在港湾内的大小船只，思念着远离家乡的父亲。五年前，他们就是在那里目送父亲远行的。

爱激动的罗伯特把内心的思念转化成高声呼喊：
"爸——爸，我们来看望你了！"

这凄恻的声音激动得路德维格和阿尔弗雷德热泪盈眶，也情不自禁地高喊着：

"爸爸，我们想念你呀，快回来吧！"

在孩子们对亲人的热切期盼中，春天过去了，夏天过去了，秋天也快要过去了。一天．邮差给诺贝尔家带来了特大的喜讯，一封来自俄国圣彼得堡的家书及同时寄来的汇票，成为诺贝尔家欢乐的中心。

信上笔力遒劲，情调高昂，字里行间流露出春风得意的气势。信的大意是：

说来很对不住你们母子，让你们苦熬苦等了五年多。在这五年多的时间里，我一面忍受着对你们的思念之苦，一面拼命地挣扎着，奋斗着。现在我颇感欣慰地告诉你们，我的努力没有白费，我已经建立了一座小工厂。

这个工厂经营状况良好，订货不断增加，已经取得了可观的效益。作为将要赠给你们的礼物，我现在购置了一栋很大的房子。请尽快动身到圣彼得堡来吧，盼望早点见到你们母子的面。

信来得太突然了，孩子们的母亲眼含着热泪，一遍又一遍地读着那封差不多能背下来的信。她读信时心情是很复杂的，这五年来她拉扯着几个未成年的孩子，过的简直就是一种弃妇的生活呀，如今总算熬出头了，丈夫在国外站住脚，家庭生活从此有了依靠。

孩子的情绪是单纯的，他们高声叫嚷着，欣喜若狂：

"妈妈，你没白为爸爸祈祷，他在国外发迹了，太好啦！"

"妈妈，咱们啥时候去俄国呀？我都想爸爸了。"

"妈妈，咱们怎么去圣彼得堡，坐车还是乘船？"

"圣彼得堡啥样啊？爸爸的工厂啥样啊？咱们快去看看吧！"

"妈妈，我们上学可咋办呀？我们都不会讲俄语呀！"

"那就让爸爸教我们吧。"

孩子们想到将要去外国见爸爸，都兴奋得手舞足蹈，一时间将对未来的渴望、担心和疑虑都抛向自己的母亲。而做母亲的同孩子们分享喜悦的时间并没持续多久，瞬间的兴奋和激动过后，她又不得不为变卖家产（虽然她的家产并不富裕，但总还有些家用的东西需要处理）、打点行装操心。罗伯特因急于要见父亲而提前走了。

　　当时从瑞典到俄国还没有铁路，诺贝尔一家只好从海路去圣彼得堡。

　　当全家乘坐的帆船缓缓地驶出斯德哥尔摩港的时候，一股背井离乡的凄楚和对故土依恋之情，在母亲和孩子们的心头油然而生。其中数阿尔弗雷德心思最重，不像两位哥哥那么兴高采烈，他对故乡的一草一木都怀着深切的眷恋之情。同与他一道玩耍，给他以童年乐趣的小动物分手，他心里很难受，因为它们都是他最好的朋友。他站在船头上，眼望着被暮霭笼罩着的山丘，默默地向自己童年的不会说话的小伙伴们告别和祝福：

　　"再见吧，蝴蝶、蜜蜂、虫子、青蛙、小鸟，请你们多保重！"

　　那年，阿尔弗雷德才9岁，但是，离开家乡时的依依惜别之情是刻骨铭心的。虽然当时他还没意识到此行意味着彻底地结束了在故乡的童年，等他再度返回故乡时，他已经是风华正茂、学业有成的青年了。

经过海上长途颠簸，一天早晨，诺贝尔一家乘坐的帆船缓缓地驶进了波罗的海的圣彼得堡港。这时，岸边高大的古典建筑披着霞光，在波平如镜的海水中倒映着金灿灿的剪影，成群的海鸥尾随着帆船上下翻飞，时而高声鸣叫，时而轻轻点水，为饱受颠簸之苦的旅客们举行了欢迎仪式。

阿尔弗雷德跟随着路德维格急不可待地提着行李跑出了船舱，站在甲板上，目不转睛地注视着码头。

阿尔弗雷德最先在岸上的人群中发现了自己的父亲，高声喊道：

"看呀，爸爸在那儿！"

这时，一位身材魁梧、气宇轩昂的男人正向他们频频招手。

亲人们久别重逢的场面，人们在影视中，在现实生活中，本来早已司空见惯，但是，事到临头，人人都会情不自禁地再现那激动人心的一刻。

帆船刚靠岸，孩子们便抢先跑下舷梯，扑向爸爸的怀里。这激动人心的一瞬间，让他们等得太久了。

伊曼纽尔用一只手将两个儿子揽在怀里，用另一只手轻轻地抚摸着妻子的头。当他发现她头上已经有几根白发时，鼻子一酸，眼睛也湿润了。他感到内疚，怪自己无能，把妻儿遗弃得太久了……

他把妻儿让到一辆漂亮的马车里。这自然也是他精心安排的。他决心让他们风光一下，以弥补他长期不顾家（也许是无力顾家）"抛妻弃子"的过失。

在马车里，孩子们各个心花怒放，圣彼得堡的一切都使他们感到振奋和新奇。

那宽阔的广场，金碧辉煌的寺院以及寺院附近骑着高头骏马俄国皇帝的铜像，都显示着这座皇城的威严和壮观。

孩子们的一双眼睛好像不够用了，一会儿看看这儿，一会儿瞧瞧那儿，惊叫声、欢呼声，伴随着清脆的马蹄声，一路上高高兴兴向新家奔去。

马车在一个环境优美的住宅区停住了。

"是这儿吗？这么快就到了！"孩子们好像没坐够车似的，问道。

"是这儿，从今天起，咱们终于有自己的窝了。"

新宅比他们在斯德哥尔摩的旧家要好得多，既宽敞，又漂亮，孩子们又发出一阵欢呼和惊叫。他们放下行李，从东屋跑到西屋，到处乱窜，先是对房屋感兴趣，那屋子举架很高，窗户很大，对于在窄小、破旧的木房里生活惯了的孩子们，一切都是那么的陌生和新奇。接着孩子们又对室内的摆设感兴趣，一会儿躺在舒适的大床上打滚，一会儿又坐在一张崭新的桌子前，说他就要那张桌子温习功课。

父亲得意洋洋地说：

"孩子们别争了。你们每人都有一张大床和一张新书桌。"

可是，一转眼，小儿子阿尔弗雷德不见了。抬头一看，他正在庭院中欣赏那里的自然风光呢。院中间有一个椭圆形的喷水池，喷射出缕缕细流，在空中弯成一条弧线又落到池中。那不断喷出的细流将霞光分成七色，宛如一根根彩色艳丽的丝线垂挂在空中。池塘里有几尾金色的鲤鱼，顽皮地拱着水草游来游去。喷水池四周镶嵌着花畦，在秋日的晨光下，还绽开着绚丽的花朵。

在阿尔弗雷德聚精会神地观赏庭院的时候，父亲悄悄地走过来，亲切地抚摸着他的头，问道：

"喜欢吗？"

"喜欢。"

"要是到了春天或夏天啊，这里就更美了。"

"有小动物吗？"阿尔弗雷德又想起了故乡的山丘和那里的动物朋友们。

"有啊，有蝴蝶、有蜜蜂、有昆虫……"

"有青蛙，有小鸟吗？"

"这个，如果你想见到它们的话，当然也是可能的。"伊曼纽尔早就从妻子的信中获悉，他的三儿子阿尔弗雷德酷爱自然，喜欢观察和欣赏山川景色和花鸟虫鱼。今日一见，果不虚传，此子确有这种雅兴。他暗自高兴，因为这不仅与他童年的兴趣相投，而且在他成年后认识到，大凡喜欢同大自然亲近的人，不仅有热爱生活的激情，同时还蕴藏着探索自然规律和艺术真髓的潜能。

"这个孩子长大后必成大器！"做父亲的像艺术家评估自己的作品似的，以审视的目光重新打量阔别五年的三儿子。

当初伊曼纽尔离开家时，他才4岁，由于体弱多病，比同龄的孩子瘦小得多，甚至每当他在紧张工作之余思乡怀亲时，他常闪过"那个多病可怜的孩子是不是还在人世"的可怕念头。但是，这个小生命很顽强，在母亲悉心的照料下，他活过来了，现在就在他的眼前，而且他凭直觉（他相信直觉）预测出他将成大器。他应该为有这样一个有幸地活下来并会有出息的儿子感到高兴才是，可是说来也怪，他越认真地观察自己的儿子，就越萌生一种与高兴完全相反的情绪。这种情绪不仅将乍见面时出现的喜悦和兴奋很快抵消了，而且由于这种情绪的过剩，他对这个孩子有一种本能的厌恶。这种厌恶不是对无能之辈的歧视，而是某种与此相反，更为复杂的东西。

至于这种情绪究竟是什么，也许伊曼纽尔本人也不能完全说清楚。他的情绪来源于感觉而不是理性。

他从阿尔弗雷德聪颖的额头、深邃的目光以及沉静的表情，看到了一种不同凡响的气质。在预感到他必成大器的同时，也觉察到在这个深含不露的孩子身上蕴含着一种超越情感的理智，那是一种客观的、严厉的、不徇私情的理性，它可能成为一股否定他父亲的东西。

诚然，伊曼纽尔很器重自己，他一向对自己充满信心。他口若悬河，才华横溢；他刻苦创新，顽强进取。他凭这一切取得了眼前的成功，他还要凭这一切取得未来的辉煌，他甚至相信有朝一日会成为深受世人崇拜名垂史册的伟人。

但同时他也深知自己的弱点，那就是他追名逐利，爱出风头，见异思迁，而且有时还有点华而不实。

　　不过，正像一切想成为或已经成为被世人崇拜的偶像一样，他们在受人顶礼膜拜的时候，很少有人是心安理得的。因为他们很难摆脱"圣名之下，其实难副"的心理干扰。在这种情况下，一切爱慕虚名的偶像，就只好靠阿谀者用奉迎的语言所编著的"圣经"，朝拜者用缭绕的香烟所编织的帷幕来维持自己的地位和尊严了。在这种情况下，偶像本人最怕深知底细的人，那是一些长期生活在偶像身边因而最知偶像的信徒或亲人。

　　伊曼纽尔下意识地觉察到儿子将来不仅会超过他，而且由于深知他的弱点会无情地否定他。这大概就是他看阿尔弗雷德不顺眼，甚至感到厌恶的隐情吧。

　　这种隐情包含着无法消除的敌意，它为后来父子反目，家庭不和埋下了种子。

海外考察，周游世界

在阿尔弗雷德17岁的时候，有一天，父亲把他叫到身边，严肃地望着他，却半晌没说话。平时爱大声讲话、爽朗坦率的父亲，忽然变得少言寡语，使儿子感到很蹊跷，心想父亲一定同他谈非常重要的事情，急切地等待着父亲开口讲话。

父亲拍拍他的肩膀，这是他同单个儿子谈话时的习惯动作，说道：

"孩子，你终于活过来，并且长大成人了……"

阿尔弗雷德注意听着，这样的开场白使他感到有点紧张。

"你从幼年时起就一直体弱多病，说真的，我曾担心过你能否长大成人。不过，现在看来，这种担心是多余的了。你长高了，也长结实了，身体似乎没什么让人担心的了。在学业方面嘛，你也打下了坚实的基础，尤其叫人高兴的是，你已经掌握了多种的语言，所以我打算——"

父亲轻轻地咳嗽了一声，那是因为人在进行极其重要谈话时，习惯性地发出的声音。

阿尔弗雷德眼睛睁得大大的，等待着从父亲口中吐出被咳嗽声打断的关键性词语。

"当然喽，这是同你商量。其实，我也有些犹豫。不过，我已经考虑了很久……最后由你自己决定……"

"爸爸，您让我干什么？"他急不可待地问道。

"我打算让你去周游世界，出国考察。"

"真的？"阿尔弗雷德高兴得像个小孩子似的。这种活泼天真的表情，只有在与他相依为命的慈母面前才经常出现。平时，他在父亲面前总像个"小大人"似的，显得有些严肃和拘谨。他不仅怕父亲，而且也似乎感觉到在他们父子之间有一种格格不入性格上的障碍。不过，今天的谈话，他却觉得父亲既严肃又亲切。父亲总归是父亲，不管父子性格上合不合得来，做父亲的总希望儿子能够出人头地。

"嗯。"父亲点头答道。

"爸爸，我愿意去。我早就想出去闯一闯，检验一下我的专业功底和外语能力。"

"你此行的任务是，去学习各国的新科学和技术。在专业方面我不担心，你的基础是很扎实的。我担心的仍然是你的身体，到国外去考察非常艰苦，不仅需要专业知识和外语，而且还需要有健康的身体。"

"爸爸，您放心吧。身体方面没啥问题，我会注意的。"阿尔弗雷德接着问道，"我先到哪个国家去呢？"

"先到美国去吧，我的好朋友约翰·艾里克森在那里，他会在各方面热情地帮助你的。"

约翰·艾里克森是蒸汽机的制造专家，在美国南北战争中，他建造的"莫尼塔号"新型机动船，为北军战胜南军在装备上作出了重大的贡献。

伊曼纽尔让自己的儿子去周游世界，接触当代一流技术专家，一方面表明了他有赶超世界先进技术水平的雄心，另一方面也表明了他对自己的儿子能因材施教，定向培养的远见卓识。

伊曼纽尔在教导后代方面的成功，是基于对他们的潜在才能的透彻把握。他早就看出了儿子们各有所长，不能按一个固定模式来培养。

大儿子罗伯特动手能力强，在机械技术方面显示了卓越的才能，父亲打算把他留在工厂内；二儿子路德维格善交际，有经商方面的天赋，父亲想让他跑外，招揽生意，搞商品营销；三儿子阿尔弗雷德对科学和文学都具有浓厚的兴趣，父亲想通过周游世界的方式，让他接触世界先进的科学技术和专家，把他引向通往科学大门之路。

阿尔弗雷德历时两年之久的世界周游，首先是从德国开始的（并没直接去美国），而后，去丹麦，接着又乘船到了意大利。

由于父亲给了他充足的旅费，一路上生活得很愉快。后来，他终于到了向往已久的法国首都巴黎。

那时的巴黎是世界文明的一个橱窗，各种剧场、音乐厅和美术馆琳琅满目，世界著名文学家和艺术家也荟萃在这里。

可惜酷爱文学、艺术的阿尔弗雷德因另有重任在身，无暇光顾游乐场和艺术圈。他整天去访问大学研究所，参观各种实验室，参加学术报告会，同科学家、教授和大学生座谈。阿尔弗雷德抓紧一切时间和机会，如饥似渴地学习着，想尽快、尽量地多了解发达国家的先进科学技术。

人在紧张工作和学习中可以忘掉一切。但是，当一天的工作和学习结束后，感情便同理智争夺空闲时间了。

当他拖着疲惫的双腿回到旅馆的客房，孤零零地独处的时候，便开始想家了。他望着远处在暮霭中盘旋的乌鸦，他想象着此刻家中的场景：妈妈正在厨房里做晚饭，小弟弟围前围后地给妈妈捣乱。两个哥哥在干什么呢？也许正在交际场中应酬，也许正陪着女友逛公园。爸爸在干什么呢？也许正在工厂里忙碌，也许正与投机商谈判……

在孤独寂寞的时刻，文学是他最好的伙伴。每到晚上，他喜欢躺在床上阅读小说和诗歌。他特别喜爱英国诗人雪莱的诗，他不仅爱诗，而且还以雪莱的风格写诗，梦想有朝一日也能成为雪莱那样的大诗人。

在孤独寂寞的时刻，他的内心深处有一种欲望在骚动，他渴望同异性交往，他向往着爱情。就在这时，他结识了一位美丽的少女，然而那令他销魂的初恋，以那女孩突然夭折而告终。

当阿尔弗雷德心灵受到沉重的创伤，痛苦得难以自拔的时候，他接到了母亲的一封来信。

信的开头是一个慈母对远方游子的思念、关怀和祝愿，字里行间充满了女性的柔情和慈母的钟爱。

接着母亲介绍了家庭近况，以及表达了对游子的期望。

信中说，爸爸和哥哥们都在工厂里劳动，妈妈和小弟弟总是把他当做谈论的话题，全家都期望着他带着丰硕的成果从海外归来……

母亲的信使他猛醒：他肩负重任，不能在男女恋情中沉沦。

他连忙打点行装，含悲忍痛地离开了巴黎。他先到英国参观了世界博览会，然后动身去美国。

阿尔弗雷德乘坐的客轮横渡大西洋，驶进了纽约港。这是北美一座新兴的大都市，城市建筑风格充分地体现了新兴资产阶级的规划意志。那是一种单纯讲究经济效益的功利思想，不考虑城市建筑布局的和谐，也不考虑城市景观的整体效果，建筑物的高度和密度只取决于所在地的地价。在地价高昂的黄金地段摩天大楼如雨后春笋般拔地而起，纽约港岸和曼哈顿大街就是这样的黄金地段，扁盒子式的高层建筑堆挤在一起，大小不等，高矮不齐。从海上望去，就像杂乱竖起的墓碑似的。这与欧洲中世纪营建的大都市，是完全不同的两种风格，后者体现了统治者的意志，那是一种权威派规划思想的产物。凡是与权势相关的建筑物一般都是富丽堂皇，雄伟壮观，而不考虑这样做对一般市民的生产和生活是否有利。

对饱览了斯德哥尔摩王宫的威严、巴黎凯旋门的雄伟和伦敦伯明翰宫的壮观的阿尔弗雷德来说，乍看纽约城的高大建筑群，越发撩起他身在异国他乡、形只影单的孤寂之感。

正在阿尔弗雷德对异域的景观感到惊奇的时候，一位衣冠楚楚的学者笑容可掬地走到他的面前，并热情地向他伸过手来：

"先生，你就是我有幸接待的贵客，阿尔弗雷德·诺贝尔吧？"

"是我，您是——"其实，他已经知道来者是谁了。

"艾里克森，"他紧紧地握着小客人的手，说道，"你父亲的同学和好友约翰·艾里克森。"

"艾里克森先生，您好，感谢您专程来接我！"

艾里克森对这位沉静而有礼貌的孩子顿时产生了好感，一面叫过仆人接下客人的行李，一面热情地说："欢迎，欢迎啊！听说你父亲在圣彼得堡闯出了一番事业，我真高兴啊。你的情况，你父亲在信中都提到了。好哇，这么小的年纪，就敢闯荡天下，这就很能说明问题呀！你暂时留在我的实验室里吧，要是想研究汽船嘛，我会竭诚相助的。"

阿尔弗雷德十分喜欢和敬重这位和蔼可亲、友好坦诚的前辈。每天到他的实验室去，更是一件令他兴奋和激动的事。艾里克森的实验室仿佛是科学珍品的储藏室，五光十色的实验品、各式各样的精密仪器，使他眼花缭乱、目不暇接。每天他都学到了许多新知识，当他恋恋不舍地离开实验室时，盼望着明天快点到来，想到明天又会学到一些宝贵的新知识时，心头又是一阵激动和喜悦。

在美国，他的生活情调与在巴黎完全不同，他彻底告别了失去恋人的哀痛和单身独处的孤寂，他每天都很忙碌，很充实。白天他去实验室，在他的笔记本中，在他的头脑里，记录着，积累着新的研究成果和新的实验知识；夜晚他躺在床上，像过电影似的回顾当天在实验室里的学习经历，想着想着他好像又飘然地进入了实验室。在紧张学习的日子中，他白天的经历常常潜入梦境里。

在艾里克森实验室学习的那个时期，不仅使阿尔弗雷德的头脑充实了许多新知识，而且对他选择人生道路也起到了决定性的作用。这个时期的学习增强了他的自信心，他认为自己离科学的大门并不遥远。

他终于下定了决心：想当科学家，用自己的发明为人类造福。

当他下定这样的决心之后，便想尽快返回圣彼得堡，立即投入到科学实践中去。

分别的日子来临了。艾里克森怀着慈爱和惜别的心情，说了一句既是评价又是期望的话：

"阿尔弗雷德，你既聪明好学，又能埋头苦干。你父亲素有'具有钢铁般意志的诺贝尔'之称，你不愧为他的儿子。以你的超凡天资，只要勤奋努力，一定会成为优秀的科学家。努力吧，孩子，我盼望着你获得成功。"

战争与破产

　　阿尔弗雷德返回圣彼得堡的第二天，便同父兄们一起，渡过一条大河，去参观在河对岸的自家工厂。

　　打老远就看见了厂门旁挂着一块大字书写的"诺贝尔父子工厂"牌子。

　　哥哥向他解释说，原来与他家合伙经营这座工厂的俄国将军撤出了，现在这个工厂完全属于诺贝尔一家所有了。

　　离家两年来工厂发生了惊人的变化：厂房比以前大三四倍，设备也更新得面目全非了。而且更令阿尔弗雷德高兴的是，工厂的资金来源和经营方式也发生了巨大的变化：从前，是从俄国皇帝那里索取资金，进行研究、实验和生产，一切受官方摆布，对官方负责。如今，自产自销，完全独立了。

在参观过程中，阿尔弗雷德发现有的工人在加工水雷和地雷的弹壳，微微地皱了一下眉头。父亲向他解释说：

"尼古拉一世为了扩充俄国的疆域，向我们大量订货，让我们提供水雷和地雷。"

"这么说，咱们是为了战争制造武器。"阿尔弗雷德心头掠过一道暗影。

"当然不全是生产武器，咱们还生产车轮、铁管、机械零件、暖气装置等。"

从那以后，阿尔弗雷德便开始在这座工厂上班了，他负责检查化学药品和研制新产品。当时诺贝尔父子工厂制造水雷和地雷使用的是黑色火药。这种黑色火药烟多、爆炸力小、不易引爆，火药装得不当便会产生"臭弹"。

"得想法改进啊，用这样的水雷，炸不沉敌人的大型军舰。"

这是父亲常挂在嘴边上的一句话。阿尔弗雷德每当听到有关武器、敌人和战争之类的词语时，心头就感到一阵不快。他常想，人类应该和睦相处才是，为什么要发动战争呢?

有一天，这种心事实在憋不住，他对父亲说："爸爸，我早就想问您：为什么我们要制造用于战争的武器呢？在美国考察时我就下了决心，选择科学研究的道路，希望将来以自己的研究成果为人类造福，为人类文明的发展做贡献。"

父亲沉思了一下，然后以慷慨激昂的语调，畅谈了他有关武器与保家卫国、争取和平的关系的宏论。他说：

"……假如没有武器也能过安生的日子，对人类来说，那是再好不过的了。但是，现实却不是这样的，你没有武器，人家有武器，他便会来侵犯你。如果你自己有比人家更强的武器的话，那么对方出于对这种武器的畏惧，就不敢贸然来侵犯你了。如果这种说法成立的话，武器的作用不在于发动战争，而在于制止战争……

"总而言之，我们生产的武器不是为了出去打仗，而是用于在争端发生时来保卫国家和人民，来捍卫神圣的和平事业。"

但是，不管父亲的谈话多么激动和自信，都无法消除武器和战争投在阿尔弗雷德心头上的阴影。当然，父亲的话还是有道理的。不过，充其量那只不过是为了逃避良心的谴责，寻求心理平衡的一种借口罢了，因为那不是父亲生产武器的真正动机。他认为，父亲生产武器的直接动机是商业性的，或者说，是出于一个企业家的经营目的，即生产这种产品有销路，能赚钱，而不计甚至完全忘却它的社会后果。

父亲对生产武器这件事，之所以感到那么理直气壮、心安理得，其原因就在于此。阿尔弗雷德却不是这样，尽管他后来也步了父亲的后尘，使自己的发明创造难以同武器的生产摆脱关系，但那一直是他难去的心病。他曾为"军火商"的头衔而苦恼，为摆脱它，他在自己的遗嘱中写下了惊人的条款。这是后话。

1854年春天，俄国与土耳其的领土争端终于酿成了一场战争。这就是历史上有名的克里米亚战争。

在这场战争中，欧洲的强国，即英国和法国联合起来，站在土耳其一边。因此，俄国不得不与兵力胜过自己两三倍的强敌交战。

由于战争的需要，诺贝尔父子工厂的水雷订货量急剧增加，诺贝尔父子和工人便从早到晚为战争赶制水雷。

面临着强敌压境，俄国军方认为，打赢这场战争的可能性很小。只能据守军港，以防敌军从海上入侵，并且军方还断定，敌军首先要从海上攻占喀琅施塔得港，然后再进攻圣彼得堡。于是在喀琅施塔得港的入口处，布置了许多诺贝尔父子工厂制造的水雷。

俄国军方的推测应验了，敌军的舰队果然向喀琅施塔得港驶来。突然，发现在前进方向的海面上漂浮着许多巨大的铁球，在阳光照射下闪闪发光。

舰队指挥员命令水兵去打捞铁球，以便弄清那是什么武器。水兵提心吊胆地捞上来一个，正要拆开看时，轰然一声巨响，炸得周围将士血肉横飞。敌军见状万分惊恐，便调转船头逃之夭夭了。

不久，俄国军方又给诺贝尔父子工厂提出了一个新课题，让他们研制一种新式的蒸汽机，以便改造俄国海军的旧式帆船。

伊曼纽尔虽然根本不懂如何制造蒸汽机，但却大胆地接受了这项任务。从此，全厂上下废寝忘食，日夜奋战。

阿尔弗雷德更是卖力，他把从艾里克森先生那里学到的知识全都应用到蒸汽机的研制中去了。

在不到一年的时间里，他们造出了8台性能良好的蒸汽机，使俄国军方感到很满意。攻关项目完成了，阿尔弗雷德却因劳累过度病倒了。

两位哥哥劝他说：

"阿尔弗雷德，你可不能再这样拼下去了，到环境优美、空气新鲜的地方去休养一下吧，这里有我们顶着呢，放心去吧！"

妈妈劝他说：

"到你祖母家去住些日子吧，等在瑞典养好病后再回来。"

母亲和哥哥们的话使他动心了。其实，他早就在思念着故国和家乡的风光了。

阿尔弗雷德从喧闹的圣彼得堡回到瑞典的故乡，顿觉心旷神怡，十分欢畅。白天，到野外和林中去散步，尽情地观赏阔别已久的蜂蝶昆虫和绿草繁花，一切都勾起他少年时的回忆和孩提时的趣事，他仿佛又回到童年时期；夜晚，他同老祖母及堂兄弟们愉快地聊天，交流彼此关心的信息，谈异域的风土人情，谈海外游子的生活，谈家乡的变化，谈故里的趣闻……

故乡田园诗般的生活使阿尔弗雷德烦劳顿逝，身体渐渐地康复了，他又想动身回圣彼得堡去。祖母建议他再到德国温泉去疗养一段时间。他想，也好，利用这难得的外出机会，顺便把德语学会，不也是一种意外收获吗？

他带着这个想法到德国去了。经过一段时间学习，他就能讲一口很流利的德国话。

1854年10月21日，他又回到圣彼得堡。

这时，战争还在继续着。战局对俄国很不利。因为克里米亚半岛的塞瓦斯托波尔军港是控制黑海的要塞，所以成为两军激烈争夺的据点。这个军港被敌军围得水泄不通，俄国官兵浴血奋战，但终因兵力和武器装备方面的劣势，而失去了战争的主动权。在敌军猛烈炮火的轰击下，港口设施和防御工事被夷成一片废墟，敌军潮水般地拥上岸来……

一天，伊曼纽尔神色颓唐、无精打采地回到家里，给家里人带来一个与他们命运休戚相关的坏消息，沙皇尼古拉一世病逝了！

"那么说，俄国在这场战争中将要失败啦！"他聪明的儿子们，从沙皇尼古拉一世的逝世到克里米亚战争的结局以及他家军火工厂的命运，很自然地找到了它们之间的逻辑关系。因此，一个个脸上都现出了局促不安的表情，似乎预感到前景不妙。

果不出所料，塞瓦斯托波尔要塞很快就陷落了，新沙皇在巴黎和约上签了字，历时两年之久的战争以俄国的失败而告终。

和约的条文除了标志沙皇俄国称霸欧洲的时代彻底结束外，似乎没给帝俄带来多大的灾难和损失。直接遭受这场战局所带来的灾难的是诺贝尔一家。

沙皇亚历山大二世从战争的失败中看到，俄国军事装备的质量不如人家，他决定从国外购置武器装备，并下令取消同国内企业签订的全部合同。

这消息一传来，对诺贝尔一家如五雷轰顶。想当初为了应付战争的急需，按订单如期如数地交付军事订货，他们曾向银行借了大量贷款，用以扩充生产设备，如今按合同已经生产出大量待交货的成品和待加工的半成品，现在合同一取消，一切全报废，这损失太惨重了。

万般无奈，伊曼纽尔只好向沙皇呈递申请书，要求补偿损失。但申请书根本就没有呈交到沙皇手中，因为没有一个大臣敢于提醒最高统治者，说他伟大的改革计划，除了能造福于子民外，还可能在意想不到中伤害无辜。他的申请自然也就石沉大海了。

这样一来，诺贝尔父子的工厂没有活干，无法偿还债务，完全陷入困境。不久，这家工厂又被一场大火烧毁了。

　　伊曼纽尔并不甘心，又无计可施，他思考再三，决定孤注一掷。他把阿尔弗雷德叫到跟前。

　　"孩子，咱家的困境你都看到了。"父亲说话时脸色铁青，语调阴沉。

　　"爸爸，您有何打算？"

　　"我二十多年来历尽了千辛万苦创下的基业，如今毁于一旦，我实在是不甘心啊！"

　　"爸爸，为了重振您的事业，您要我做什么？"

　　"我想再碰一下运气，从国外银行贷一笔巨款。"父亲说话时眼睛闪闪发光，又燃起了一股新的希望，"在你们哥儿几个之中，你的外语最好，又有国际交往的经验，所以我想让你到外国去一趟，看看能否找到肯借钱给我们的银行。"

　　伊曼纽尔把振兴自家企业的希望，全寄托在阿尔弗雷德的国外之行上。他的儿子先后到了伦敦和巴黎。可是无论到哪里，都没有人肯把钱借给国外一家濒临破产的企业。

　　阿尔弗雷德虽然竭尽了全力，怎奈他无法扭转局面，只好拖着病弱的身体，空手返回了圣彼得堡。

　　伊曼纽尔的一线希望破灭了，他无路可走，只好宣布破产，把工厂转让他人，以偿还巨额债务。于是，诺贝尔一家从兴旺的高峰，一下子又跌入贫困的低谷。

伊曼纽尔眼见自己辛劳创建的产业落入他人之手，心里十分难过。为了回避这种令人痛心环境的刺激，他决定携带妻子和最小的儿子奥斯卡·埃米尔回瑞典去。

他的三个成年儿子，得知父亲要归国的打算时，都表示要留在国外，先自谋职业，准备有朝一日重振诺贝尔企业。

父母闻言感动涕零，觉得不管诺贝尔家在物资财产上蒙受多么大的劫难，只要有这几个有出息的儿子在，诺贝尔家企业就有重新振兴的希望，他们就会在劫后的灰烬中重新燃起发家致富的火焰。

全家人互相叮嘱一番便分别了。从此，路德维格、罗伯特和阿尔弗雷德，便各自走上了独立的人生之路。

发明硝酸甘油炸药的始末

　　中国古代四大发明之一的黑色火药，从原料配比到制造方法，在相当长的一段时间内，都没有多大改变。直到19世纪，它还是独霸炸药领域的唯一宠物，无论是爆炸药、发射药，还是导火药和引爆药，都是非它莫属。它承包了爆破工程的全部任务，没有任何一种东西可以取代它。

　　但是，黑色火药又有着长期无法改变的缺点，那就是它的爆炸威力较弱，不容易引燃和导爆。

　　自19世纪产业革命以来，开矿业和铁路交通业的发展，迫切要求爆破威力更大的炸药，用以开凿隧洞和矿山坑道。于是对新式炸药的研制，便成为当时科学和技术的热门课题。

在这项充满危险的研究事业中，有一串闪光的名字，照耀着炸药发展的历史。

1837年，法国化学家贝罗兹用浓硝酸处理纤维质，制得了一种硝酸纤维素。

1845年，白特哲与旭恩拜因先后用硝酸和硫酸的混合液，处理棉花纤维，制得与硝酸纤维素相似的物质，称为硝化棉（俗称火药棉）。

这种火药棉的出现，不仅在制造炸药的原料和工艺方面有了新的突破，而且在爆炸性能方面也有很大的改进。

因此，这种火药出现之后，立即引起了欧洲化学界和工业界的关注，一时间相继研究硝化棉的制造工艺和化学性能者趋之若鹜。

但是，由于硝化棉具有很强的化学活性，存放时非常危险。这是因为硝化棉中所含的杂质引起的，而当时的研究者们又没有认识到这个问题的严重性，因此，一直没能研制出来可以在干燥地方长时间放置又不分解爆炸的火药棉。所以，从1850年开始较广泛地研制火药棉以来，因存放这种爆炸物而引起的不幸爆炸事件频繁发生，致使人们对这种不祥之物谈虎色变，因而不敢进一步研究和应用。

几乎与此同时，在炸药发展史上又出现了另一件大事，意大利青年化学家苏雷罗发现了硝酸甘油。

苏雷罗曾做过硝酸纤维的发现者贝罗兹的助手，对贝罗兹的研究工作很熟悉。他回到自己的祖国意大利以后，继续研究硝酸与有机物的反应问题。

1847年2月17日，他将很纯的甘油，滴入2∶1的硫酸和硝酸的混合液中，经化合反应后，制得一种黄色的油状透明液体，这是甘油的三硝酸酯，即俗称硝酸甘油。

当时，研制出硝酸甘油的苏雷罗教授，并不了解这种化合物具有极易引起爆炸的性能。有一次，为了测定硝酸甘油的成分，他把它溶解于醚中之后，发现醚很快就挥发掉了，只有一薄层硝酸甘油的沉淀物附着在烧杯底上。他当即点燃了酒精灯，拿起烧杯便在灯火上加热。不料，"轰"的一声巨响，烧杯爆炸了！飞溅的碎玻璃片划破了他的手和脸。

苏雷罗发现了硝酸甘油和它的爆炸性能，并制成了硝酸甘油药物（医治心脏病的药物）。然而这一切并没给他带来成功的喜悦，因为他觉得作为一个化学家，发现一种新的化合物，而又不能测定它的化学成分，是一件令人遗憾的事。同时，硝酸甘油可怕的爆炸性能，又使他望而生畏，他不敢轻易设计分析方案。

苏雷罗的重大发现，引起了俄国著名化学家尼古拉·西宁的重视。他想寻求把硝酸甘油应用到实践中的方法。1854年，他曾提出过用多孔物质吸附硝酸甘油的设想，但他惧怕试验的危险性，未能把设想付诸实践。

后来，他考虑到老诺贝尔是应用黑色火药的专家，并且他本人又是老诺贝尔几个儿子在圣彼得堡时期的家庭教师，所以他就把硝酸甘油应用开发的希望寄托在诺贝尔一家身上。

1859年的一天，西宁教授前来访问诺贝尔父子工厂。宾主寒暄几句之后，客人从皮箱中取出一个小瓶，小心翼翼地托在手心上，瓶里装着黄色油状液体。主人当场认出那是硝酸甘油。

西宁将瓶里的液体往铁板上倒了一小滴，用火点了一下，那液体忽地燃烧成一团火。再往铁板上倒了一小滴液体，并用铁锤轻轻地敲击了一下，"啪"的一声，发生了猛烈的爆炸。

"看到了吧，硝酸甘油的爆炸力极强。"西宁教授解释说，"然而，不幸的是，发现这个化合物的苏雷罗教授却因在测定它的组成时发生爆炸，脸部受了重伤。从此，他便停止了实验。由于对硝酸甘油爆炸性的恐惧，至今也没有人再去研究它。"

阿尔弗雷德听着，眼睛里闪烁着兴奋的光芒。

他的父亲伊曼纽尔十分感兴趣地问：

"我看爆炸力可能比黑色火药强10倍。你的意思是，想把硝酸甘油用到水雷上，对吧？"

"是这样的，不过，硝酸甘油很不稳定，非常危险。但是我认为你有勇气和才能进行这项研究……"

从来不知危险为何物的父亲自然不会拒绝这样的请求，可是没等他表态，儿子却抢先说：

"请把这项研究交给我们吧！"

阿尔弗雷德把小瓶子放在手上，像注视一块珍奇的宝石一样，聚精会神地看了好一会。从那以后，诺贝尔父子便与硝酸甘油结下了不解之缘。

自从西宁教授向他们介绍了硝酸甘油之后，诺贝尔父子便投入到硝酸甘油的开发实验中。因此，可以说他们父子是把硝酸甘油应用于炸药事业的先驱。

老诺贝尔是从混合炸药的角度来研究硝酸甘油的应用的。这是他返回瑞典后所进行的研究工作。

1863年，他在黑色火药中加入10％的硝酸甘油，配制成混合炸药。当时，他对这种混合炸药的爆炸效果和应用前景抱着十分乐观的态度。他预想，用这种混合物，可将平常炸药的用量减半，而且可以减少烟尘对枪炮的污染。他写信给阿尔弗雷德，催促他从圣彼得堡赶回斯德哥尔摩，来协助他的实验。他在信中写道：

　　"我试验的火药，已得到真正的好结果，我用低价制成的产品，其效力可与最好的法国霰弹枪火药相等。制成这种火药，也许还能扩充为大工业……我们确信能挽回从前在俄国的所有损失。所以你一定要赶快回来，帮助你的老父，并在国内外开展这项事业。"

　　这类内容的信件接连发了几封，在老诺贝尔三番五次的催促下，阿尔弗雷德只好动身返回斯德哥尔摩。

　　当时，瑞典军事当局资助老诺贝尔钱款，为一个委员会进行一次实验。经过一番准备之后，他们在瑞典的卡尔司废炮台进行试验。新炸药用在枪弹里效果还算不错，可是用于炮弹却完全失败了。幸好阿尔弗雷德对可能发生的情况事前有所准备。他取了一份硝酸甘油及黑色炸药各半的材料装进炸弹，投出去后炸弹爆炸了。

　　起初的炮弹没有发生爆炸表明，这种混合炸药引爆很困难。其实，这种炸药致命的弱点就在于此。只有在把硝酸甘油与黑色火药按一定比例混合的情况下才能发生强有力的爆炸。如果混合后不马上使用，经过一段时间，硝酸甘油被黑色火药的孔隙所吸附，这时混合炸药就难以引爆了。若想引爆它，需要用强而有力的雷管才能奏效。直到几年以后，阿尔弗雷德发明了雷管，这个引爆的难题才迎刃而解了。

阿尔弗雷德在那次为军方进行的混合炸药试验表演之后，用整整一个夏天的时间，按照他父亲的意思，对各种成分不同的配料反复试验，结果证明老诺贝尔的设想无法获得成功。最后，老人自己都感到厌倦了，干脆放弃了应用硝酸甘油的念头。

这时候，阿尔弗雷德才重新按着自己的想法，将这项研究继续下去。

这件事很能说明诺贝尔父子之间存在着一种微妙而又有趣的关系，这就是他们父子在大前提下能团结合作，而在具体做法和环节上又各持己见互不相让那种复杂的矛盾关系。面对着这种矛盾，父子俩所持的态度也是大相径庭：老诺贝尔往往摆出不可一世的架势，他锋芒毕露，刚愎自用，老子天下第一，表现出十足的家长式作风；而小诺贝尔则表现出做晚辈的恭顺和谦卑，但这只是一种表面形式，其实他是采取以柔克刚、以静制动的战术，来对抗老子外强中干的霸道作风。他嘴上不说，心里却想：

"你怎么说，我就怎么做，直到证明你的想法绝无实现的可能。那时候，对不起，老爸，你这套行不通，看你儿子的吧！"

他们父子之间围绕科学发明这种明争暗斗的矛盾，虽然有损于亲情关系，然而却是一种在资本主义制度下不可避免的社会竞争意识的缩影。

与老父亲相比，阿尔弗雷德总是技高一筹。他在反复实验中发现了一个规律，假如设法先使少量硝酸甘油爆炸，由此发生的震荡和热力，可引发全部的硝酸甘油爆炸。根据这一发现，他找到解决这一难题的突破口，研制硝酸甘油的引爆剂。

经过一番摸索，他终于找到了这种引爆剂。他在一根小玻璃管里装满黑色火药，其中埋着一根导火索，然后再把这根小玻璃管浸入装有硝酸甘油的容器内。

正式试验那天，阿尔弗雷德的大哥罗伯特也到场参观。因为硝酸甘油的爆炸力极强，又是第一次做这种新型实验，所以大家都提心吊胆。试验开始时的气氛十分紧张，众人屏住呼吸，凝视着阿尔弗雷德点着了导火索，等它燃烧了一会儿，便把那个"魔盒"扔了出去，接着盒子里只是"扑哧"一下传出不大的响动，那盒子在地上翻了几个跟头，便安静地躺在那里。预期震天动地的爆炸声没有发生。大家悄悄地你看看我，我看看你，短促的沉默过后，代替爆炸声的是，父亲的放声大笑。罗伯特想到经过精心准备又兴师动众的一次试验，到头来竟放了个哑炮，也不禁失笑。只有小弟弟奥斯卡·埃米尔神情严肃，在一旁一言不发……

父亲幸灾乐祸的嘲笑声，一方面刺伤了阿尔弗雷德的心，事过多年后，他对此还一直耿耿于怀，另一方面也激励了他决心把这项研究进行到底。

他经过反复思索，又仔细地检查了实验装置以后，终于找到了引爆不成功的原因，原来是因为玻璃管口没有封紧，以至于导火索引发了管内的黑色火药以后，不能把玻璃管炸碎，因而也就不能产生出足以使硝酸甘油爆炸的冲击力和高温。

于是，阿尔弗雷德用封漆密封管子的两端，然后点燃引信，再把盒子扔出去，便轰然一声爆炸了。接着他又反复表演了几次，也都获得了成功。

1863年，阿尔弗雷德根据自己正反两方面的实验结果，总结出引爆硝酸甘油的原理。他说：

　　"我根据理论上的推演而得出这样一个结论：假使能够将火药的热力用一种足以引起爆炸的速率传递给硝酸甘油，由于气体冲击的压力，使硝酸甘油发出更大的热量，就能促使爆炸的实现。"这就是诺贝尔引爆装置的基本原理。

　　随即他在瑞典申请专利，获得了硝酸甘油引爆物的专利权。由于这项专利是以他个人的名义申请的，他父亲认为，他自己在这项事业的发展初期所发挥的作用被忽略了，因而他本人也被儿子忽视了，所以心中十分恼火。

　　一天晚上他终于发作了，从饭桌旁站起来，就儿子单独申请专利一事，破口大骂。阿尔弗雷德也不示弱，同父亲面对面地站着，气得脸色铁青，瞳仁充血，虽然一言不发，但是流露出寸步不让的神情。他虽然与父亲性情不和，但是，与他正面冲突顽强对抗，这还是他生平的第一次。这表明他做人的原则性，他一切都可置之度外，唯独自己真正的成就不容否定和侵占。

　　阿尔弗雷德虽然用黑色火药引爆硝酸甘油获得了成功，不过，他发觉这种引爆物的威力还不够大。比如，用这种引爆物就不能引爆硝酸甘油与黑色火药的混合物。因此，他在继续寻求一种更强有力的引爆物。

他经过两年左右的时间，终于发现一种叫雷酸汞的褐色粉末，对震动非常敏感，受到撞击或摩擦即可发生爆炸。后来，他将雷酸汞封装在铜管里制成引爆物，称为雷管，一直沿用至今天。

阿尔弗雷德从发明用黑色火药制成的引爆物到用雷酸汞制成的引爆物，经历了无数的艰辛和危险，终于圆满地解决了硝酸甘油炸药的引爆问题。当时欧洲正在修建一条横穿纳雷达山脉的铁路，由于使用了阿尔弗雷德制造的硝酸甘油炸药，使工程进度大为加快。从此，这种炸药便在世界范围内普遍生产和广泛应用。

炸药引发的悲剧

1863年9月3日，太阳刚刚升起，阿尔弗雷德沐浴着晨光，怀着一种朝圣者般虔诚的心情，踏着花岗岩台阶拾级而上，仰望着雄踞于岩堆石累高台之上巍峨的瑞典王宫城堡，一股四海飘零一朝还乡的游子之情不禁油然而生。

他微微地喘息着，站在宫墙旁边，俯视台地下面的古斯塔夫·阿道夫广场。广场周边矗立的王族宫宇和歌舞剧院等建筑群，披着灿烂的霞光，显得金碧辉煌。京城的景观在他的目光扫视下不断地拓展，这座古朴典雅的北欧城市，从马拉湖畔一直延伸到海边，城区里镶嵌着大片大片的树林和草地，整个城市就像一个由星罗棋布的游览区所构成的大公园。

诺贝尔的目光顺着一条狭窄的通往郊区的石铺小路望去，路的尽头有一片林木掩映的房舍。那里有他的父母老诺贝尔夫妇居住的平房，院落里花草繁茂，清香四溢。在父母住宅旁边有一幢简陋的房舍，那就是他新购置的研制硝酸甘油炸药的实验室。

此刻，一位名叫卡尔·埃里克·赫茨曼的年轻化学师和诺贝尔的小兄弟奥斯卡·埃米尔，正在一位打杂的协助下，小批量地生产硝酸甘油炸药呢。往常他总是亲自率领手下人一道工作的，因为这种研制炸药的生产很危险，稍有差错就会酿成大祸。

这次他是为了与J.W.史密特先生谈生意专程到城里来。想到他刚建成的实验室和在那里进行的危险实验，他的游兴顿时消失了，决定立即回去。

就在这时候，突然，在视线焦点的林木上空腾起一股翻滚着火团的浓烟，把朝霞染成酱紫色……"出事啦！"他发出一声闷声瓮气的惊叫，疯狂地奔下台地。

一路上，他头脑里交织着绝望和侥幸，交替地构想着两种可能性：一种是，有人预先发现了火警，及时地把实验室的人叫了出去，没有人员伤亡，只损失一些药品和仪器；另一种是，事先谁也没发现危险的征兆，突然一声雷鸣般的爆炸，在场人员连同仪器顿时陷入一片火海之中。虽然基于他对那种烈性炸药性能的深刻理解，他断定前一种可能性很小，然而他依然希望事情能存在着意外的侥幸。不过，尽管人们在对危难的预测中，经常虔诚地祈求于侥幸，但是，侥幸却是个冷酷无情的吝啬鬼，它从不对苦难者寄以同情。残酷的现实宣布阿尔弗雷德的希望破灭了。

事情的真相是这样的：

那天早晨，阿尔弗雷德的父母正在饭桌前进餐，忽然一股热浪把房门掀开了。两位老人抬头一看，只见大火从实验室里进出，接着是一声雷鸣般的巨响，霎时间，整个实验室化作一个烈焰滚滚的火盒子。阿尔弗雷德的母亲卡罗琳拼命地拉住要扑向火海的丈夫，她知道心爱的小儿子和在场的其他人都没救了。

这时，邻居们纷纷地提着水桶等救火工具赶来，但因火势太猛，加以又担心再次爆炸，所以都不敢靠近火场。众人眼睁睁地看着大火把实验室烧个精光，而后才动手清理现场，在冒烟的废墟里扒出四具烧焦的残骸，年轻的化学师卡尔·埃里克·赫茨曼、阿尔弗雷德的小兄弟奥斯卡·埃米尔、那个打杂的人和一个倒霉的过路人。

阿尔弗雷德赶到出事现场时，救火的人早已走散了，呈现在他面前的是冒着淡淡余烟、散发着焦腥气味的废墟。他轻轻地推开家门，屋子里死一般的寂静。老父亲和衣躺在床上，两只失神的眼睛呆呆地望着天棚；从厨房里传来母亲断断续续的啜泣声。无须多问，一切都清楚了。

阿尔弗雷德像被定身法定住一样，一动不动地伫立在屋里。他对弟弟和助手们的不幸遇难感到悲哀，他对突然发生的横祸感到愤慨。

他素有迁怒于他人的脾气，尤其是遇到危难和灾祸时，总是立即由远及近地寻找灾难的根源，以便及时发泄怨气，否则他会憋死。但当他发过脾气后，不管别人有多大过失，他都把事故的责任完全揽在自己身上，不了解这一点是很难理解他应急时的言行的。

当时，阿尔弗雷德首先埋怨父亲，怪他一生醉心于铤而走险，从而把儿子们都引导到去干同火药玩命的勾当。接着，他又从头至尾检查实验中可能出现的问题，以便找出造成这场灾难的原因。经过一番认真的思考，他发现有一处可能出现问题，那就是实验者们在忙碌中忘记了查看温度计。当温度超过25℃时，实验品硝酸甘油就会爆炸。

他认定这是不幸事故发生的原因时，一股无名的怒火又发泄在老父亲身上。

他认为，只要有一个经验丰富的专家在场，这种由于疏忽而造成的事故是完全可以避免的。在他进城洽谈生意时，父亲本可以担当现场指挥的角色。可是，由于父子在实验方法上存在分歧，儿子的实验方案胜他一筹，他便觉得脸上无光，耍小孩子脾气，对儿子们的实验置之不理。若要是父亲肯帮忙的话，就绝不会出现这场悲剧的。

硝酸甘油的爆炸事件，在全城产生了轰动效应，引起了市民们的惊恐和骚动，夸大其词的报道四处传播，耸人听闻的谣言不胫而走。说是新炸药的威力强大无比，谣传那场毁掉整个实验室的爆炸，只是由一点点炸药引起的，若是有一千克的炸药爆炸，足以把全城变成废墟。蛊惑人心的宣传，惶惶不可终日群众性的恐惧，形成了一股强大的社会舆论压力，迫使警方出面干预，调查事故发生的经过和细节，以便确定其中是否存在着刑事上的犯罪和过失。

在诺贝尔家面临着被绳之以法的紧要关头，有两家大公司出面讲情了。一家是瑞典铁路公司，他们为了开凿苏德曼姆山隧道，完成通向斯德哥尔摩的铁路工程，急需硝酸甘油炸药；另一家是瑞典矿业公司，一年前阿尔弗雷德曾为那里的矿工们演示过硝酸甘油的爆炸威力，使在场参观人员对那种炸药的威力惊叹不已，当场签订了订货合同。实验室爆炸事件发生后，两家公司争相向有关当局疏通，极力为诺贝尔家开脱罪责。他们说，在试制炸药过程中，事故是难以避免的，如果说生产执照的签署人（阿尔弗雷德的父亲伊曼纽尔·诺贝尔）负有玩忽职守罪的话，那么在这场不幸的事故中，他痛失幼子，也算得上对这位老人过重的惩罚了等。

尽管有这两家公司从多方面为诺贝尔家排解，但是，司法检察机关依然没有放过他们。自从惨遭横祸后，阿尔弗雷德的父亲一直卧床不起。不久，检察院便发下传票传讯他的父亲，他便慨然代替父亲出庭受审。

在审讯中，阿尔弗雷德一口咬定，虽然他利用父亲制造爆炸物的旧执照进行生产，但因硝酸甘油是属于他自己的专利，因此他个人应该承担生产事故的全部责任。

阿尔弗雷德的父亲为儿子敢做敢当的行为所感动，为报答儿子袒护他的宽宏大量，他也为儿子作了书面辩护。他在辩护书中写道：

因为没有一人幸存，我只能根据亡儿在遭灾前几天对

我说的话来推断，这次爆炸是由于他企图简化制造炸药油的方法而造成的。

从简短的辩护词中不难看出，他把发生事故的过失完全推给死者。可怜那奥斯卡·埃米尔，他还只是个21岁未谙世事的大学生，不仅在突发灾祸中断送了年轻的生命，而且在黄泉之下还蒙受不白之冤，承担肇事罪责。这也许是老诺贝尔最终无奈的选择。

最后，警方做出决定，禁止在城区继续生产硝酸甘油。阿尔弗雷德被迫把生产设备装置在一艘驳船上，并将船开至湖心，继续进行这项十分重要同时又非常危险的生产。

挫折与成功

　　自从世界上许多地方开始使用硝酸甘油以来，爆炸事故此起彼伏。

　　有一次，罗伯特把12瓶硝酸甘油带到外地去演示。演示完毕之后，剩下两瓶交给一个技师。那人乘上一辆驿车，把装有两瓶硝酸甘油的箱子捆在车顶上。技师安全到达目的地后，取下箱子一看，大吃一惊，箱子里只剩下一瓶硝酸甘油，另一瓶已不知去向了。想到万一落到不知道那种东西的危险性的人手里便什么事情都可能发生，他急得直冒冷汗，慌忙沿原路往回找，结果发现一个伐木工人正在用瓶中的油擦皮鞋呢！

还有一次，一辆装运硝酸甘油的马车，在行进途中，油液从贮罐里泄漏出来，一滴一滴落在车轮上，赶车人见免费得到润滑油，心里倒十分高兴，绝没有想到死神已经在车边转悠……

1865年8月，一位德国籍推销员在纽约市格林尼治街的怀俄明旅馆租了个房间，把一只木箱交给旅馆里行李搬运夫照管，说是几天后来取。一个星期天的早晨，有十来个顾客在酒吧间喝酒时，嗅到一股刺激性的酸味，循着气味去找，发现从储藏室的一只木箱里正腾腾地冒出淡红色的蒸气，急忙把搬运夫找来询问原委，原来这段时间里他一直把这只箱子当搁脚凳，有时还踹着它擦皮鞋。

一名顾客协助他把箱子抬到街上扔掉，木箱一触地就爆炸了，把旅馆以及整条街的玻璃都震碎了，有18个人受了伤……

1865年12月，一次更令人惊心动魄的爆炸消息来自德国的不来梅港，约有200人受伤，28人死亡。

1866年3月，在澳大利亚悉尼的一个货栈里存放了两箱硝酸甘油，突然发生爆炸，货栈变成一堆瓦砾。

同年4月，在旧金山某公司的货栈里，硝酸甘油发生爆炸，死亡14人。

随后，加利福尼亚的科尔法克斯又发生一起硝酸甘油爆炸，6人丧生。

不久，在利物浦的一艘轮船"欧洲人号"上发生的爆炸事件引起了更大的骚动。在这场不幸事件中，有26人丧命，25人受重伤。

接着，阿尔弗雷德又读到来自欧洲的惊人消息：他在汉堡附近建造的一座名为克鲁姆尔的工厂炸毁了；继而在挪威莱萨克的工厂也焚毁了。

在那个时期里，由硝酸甘油而引起的爆炸事件，像流行性瘟疫一样蔓延于世界各地。工作人员伤亡和运输工具、仓库被毁的爆炸信息，接踵而至。

由于阿尔弗雷德及其有关公司是提供这种"灾难产品"的元凶和基地，因而也就成为抱怨、谩骂和攻击的对象。这时，对阿尔弗雷德的打击，不仅仅限于名誉和声望受到损害，而且更严重的是，他的公司和新开辟的市场遭受严重的影响。这是由于用户和公众的恐慌情绪增长了，用户所在国当局也采取了越来越严格的限制，甚至有些国家颁布禁止进口硝酸甘油的命令，从而使已投产的工厂濒临破产，使正在建设或计划建设的工厂被迫搁浅。

这时的阿尔弗雷德就像一个赶赴火场的消防队员，

穿梭来往于美国和欧洲之间。为了消除硝酸甘油接连的爆炸事件对他的企业所造成的消极影响，他四处奔走，做演讲，进行现场试验，以证明使用硝酸甘油时，只要遵守安全操作规程就不会招致意外的危险。

但是，真正驱散笼罩在人们心头上的恐惧乌云，使硝酸甘油的生产和应用步入复苏和发展阶段的是，阿尔弗雷德又搞出了一项重大的发明。

一天，他偶然观察到盛装硝酸甘油的马口铁罐外壁上附着一层糊状物，原来是泄漏出来的硝酸甘油被储罐外面的涂料硅藻土所吸附。他一见这种糊状物，不禁喜出望外，他一直朝思暮想的硝酸甘油吸附剂，就这么轻易地被他发现了，真可谓"踏破铁鞋无觅处，得来全不费工夫"哇！这种吸附剂就是许多地方都有的硅藻土。

1867年，阿尔弗雷德在公司新经理卡尔·迪特默的协助下，对被吸附在硅藻土上的硝酸甘油炸药进行了试验。试验结果表明，这种新型硝酸甘油的固体炸药，不仅保持了液体硝酸甘油原有的爆炸威力，而且还杜绝了液体硝酸甘油易燃易爆的危险性，具有运输和操作上的安全可靠性。

这种新型固体硝酸甘油炸药被命名为"达那炸药"，

也有人称它为"猛炸药"。由于这种炸药具有优异的性能，阿尔弗雷德相继在几个国家获得了专利，应用的范围迅速打开，把筑路和开矿工程推进到一个新的时代，诺贝尔的企业也迎来了一个辉煌发展的时期。

1868年2月，他荣获了瑞典科学院颁发的金质奖章，这是为"在文学、艺术和科学领域上有杰出的、独创性的著作，或者曾作出对人类有实际价值的重要发现"的人而设的大奖。

阿尔弗雷德获此殊荣自然很荣幸，不过在他的喜悦里也蒙上了一层阴影。因为那奖章不是单独奖给他个人的，而是奖给他和他父亲两个人的。奖状上写着：

鉴于伊曼纽尔·诺贝尔为使用硝酸甘油作为炸药作出贡献，尤其是阿尔弗雷德·诺贝尔发明甘油炸药，特予奖励。

阿尔弗雷德对奖状的措词并无意见，使他感到愤愤不平的是，他父亲把奖章据为己有，而不想交给他。当然，他父亲这么做，也是有他个人的打算。他认为如果把奖章交给儿子，那就意味着这项荣誉的获得主要应归功于儿子，这是这位争强好胜的老人无论如何也不肯承认的事情。

达那炸药这一新产品引起了世界上很多人的兴趣，虽然刚开始时遭到几个国家的抵制，但很快便突破各种障碍，在世界范围内打开了销路，使产量逐年增加。从阿尔弗雷德本人列出的生产数字，可以看出他的企业兴旺发达的状况：

年份	产量
1867年	11吨
1868年	78吨
1869年	185吨
1870年	424吨
1871年	785吨
1872年	1350吨
1873年	2050吨
1874年	3120吨

与此相应，诺贝尔家的达那炸药工厂，也在世界各地如雨后春笋般地发展起来。从1865年至1873年，阿尔弗雷德先后在瑞典、德国、挪威、奥地利、美国、芬兰、英国、法国、西班牙、瑞士、意大利、葡萄牙、匈牙利等国家建立了16座工厂。至此，他的工业王国达到了鼎盛时

期。

这期间，他过着一种得不到休息的紧张生活，他没有一天不面对着各种重要问题的困扰，公司的财务和组织，可靠的合作伙伴和助手的遴选，合适的监工及技术工人招聘，厂址选择和施工计划以及根据各国的法律必须采取综合的安全措施等问题，都需要他亲自过问。

不管他在哪里，都能显示出他那惊人的效率和非凡的精力，这表明他是一位熟练的和有鼓舞力量的生意人和天才的组织者。但是，平心而论，他对这方面的工作一直都没有兴趣，把这类事务看成是痛苦的负担，是对他最感兴趣的研究工作的一种干扰。他非常渴望一个人躲在实验室安静地进行试验或者凝神思索的时间，能多于为了繁琐的公司事务而不得不同各国有关当局、公司和各种人物打交道的时间。因此，一有机会他便躲进实验室，从事科学实验。

总的来说，阿尔弗雷德的事业是由两部分工作组成的：一部分是炸药的前期研究开发；另一部分是炸药研究成果的应用开发。他对前项工作兴趣较浓，而对后一项工作感到厌倦。正是这两种兴趣不同的工作，轮番占有他的时间和精力，两者结合起来促进他整个事业的发展。用现代的语言来说，那就是他在开发与应用这两个方面齐头并进、相互促进、协调发展。他将研究成果很快地推向生产，再根据生产中提出的新课题，进一步搞研究开发。比如，阿尔弗雷德用硝酸甘油和硅藻土制成新型的达那炸药，具有安全可靠、运输和使用方便等优点。同时，这种达那炸药的生产，也给他带来了巨大的经济效益。但是，他并不以此为满足，他发现由于硅藻土在爆炸过程中不参加化学反应，又吸收了部分热量，致使达那炸药威力低于纯硝酸甘油。于是，他又率领助手进行改进实验，经过一番探索，他认定硝石粉、松香、糖、淀粉等都可以代替硅藻土用做硝酸甘油的吸附剂。不过，他对这些研究成果仍不满意，因为那还是没有从根本上消除达那炸药威力不够大的弱点。

在这种情况下，阿尔弗雷德毅然停止了对猛炸药修修补补的研究试验，以极大的胆略和气魄，为自己确立了一个新的研究课题。他想把当时与硝酸甘油并行于世的另一种炸药硝化棉的优点，与硝酸甘油的长处融为一体，制成一种威力大、安全性能好的新炸药，使它既能超过达那炸药，又能优于硝化棉。

1875年的一天，阿尔弗雷德在实验室工作时，玻璃试管破裂，把他的手划破了。他的助手用哥罗丁（一种名叫硝棉胶的创伤膏）给他敷了伤口。

夜里，他手指疼痛得难以入睡，不由得又想起了试验的事情。他想，既然这种胶质物在它所含有的液体挥发后，能形成一种薄膜封住伤口，那么是不是可以设想，先将某种硝化纤维溶于乙醚或乙醇等易挥发的溶剂中制成胶棉，然后再将它与硝酸甘油混合，从而制成新型炸药呢？

想到这里，他猛然翻身坐起来，穿上衣服，到实验室去做实验来验证自己的想法。他在实验室里彻夜工作，到曙光初照时，他的试验成功了，制成了炸胶样品。

后来，又经过多次反复试验，不断地改变配方，终于制成了较理想的"炸胶"，引爆后，其所含的硝酸甘油与硝化纤维全部燃烧，产生强大的爆炸力。在此基础上，又经过一番研究，他又制成了名为"巴立斯梯"的无烟炸药。这种炸药能用做各种火炮的发射药，在炸药发展史上又树起了一个里程碑。

由此可见，阿尔弗雷德在炸药事业上涉足了两大领域：在研究开发领域，他研制成硝酸甘油炸药、达那炸药、炸胶和无烟炸药；在生产领域，他在世界各地建立了幅员辽阔的生产上述产品的企业王国。他一生正是以他在这两个领域的艰苦奋斗和卓绝业绩，使他荣登炸药之王的宝座。

诺贝尔与他的女人们

　　阿尔弗雷德作为发明家和企业家，在他的实业王国中，曾荟萃了不少不同国籍有专业知识和文化教养的男性精英。但是，在他一生中，使他刻骨铭心、难以忘怀的女性却并不多见。除了与他相依为命的母亲外，与他过往甚密的女性只有三位：一位是法国巴黎不知名的金发女郎，一位是奥地利籍女作家贝尔塔·金斯基，一位是维也纳的卖花女莎菲娅·赫斯。

　　在正式介绍这三位女性之前，必须提及的是，阿尔弗雷德在事业上和在情场中表现出两种截然不同的品格，不了解这一点就很难理解他与下文将要提及的三位女性，尤其是与最后一位莎菲娅·赫斯那种特殊的关系。

阿尔弗雷德在事业上是一个叱咤风云的强者。尽管他一生中在事业上曾多次遭受挫折，但他都以其坚忍不拔的毅力和勇敢无畏的精神，不断地迎接挑战，从困境中崛起，获得事业的成功。

阿尔弗雷德在情场上却是一个弱者。在婚恋问题上，应该说他并没有遭到像事业上那么严重的挫折和打击（第一个恋人猝然夭折，虽是打击，但那只是一次成功的恋爱）。但是，他却那么缺乏自信，谨小慎微，优柔寡断，拖泥带水。这不能不说是这位伟大的发明家一生中的一种悲哀和不幸。

1850年，17岁的阿尔弗雷德第一次离开了侨居的圣彼得堡，赴瑞典、德国、法国、意大利以及美国去考察。

有一天，他信步走进巴黎街头的一间舞厅，坐在一个不显眼的位置上。那炫目的灯光，那翩翩的舞影，那窃窃私语声和悠扬乐曲声，在他眼前展示着一个光怪陆离的陌生世界，而置身于其间的他，又显得那么不协调，那么格格不入。

他坐在那个被舞厅气氛所压抑的角落里，呆若木鸡。此时此刻，他没有情，没有感，也没有欲，头脑里一片空白，完全处于一种木然的痴呆状态。

这时，一位金发碧眼的女郎轻轻地走近他身旁，柔声地问他是不是失去了亲人。他回答，也许他丧失的比这更多，他失去了一切幻想。也许是阿尔弗雷德的深沉和幽默刺激了她的好奇心，也许是他的睿智和哲理使她深受教益，她在他身边坐了下来。一场颇为投机的谈话，从舞场杂乱喧闹的浊流中透析出来，像一条净化过的澄澈的溪流，潺潺地鸣奏着心曲。

她满怀兴趣地打听他的一切，他坦诚地倾诉他对人生的基本看法。一时间，他把人生的追求和理想以及郁结在心头的苦恼和悲伤，都和盘地向她袒露。热情和悲观相互融汇，信心和自卑交织在一起，他复杂的情感犹如开闸的洪水奔泻而出。

她默默地倾听着，对他的谈话，或表示赞赏，或表示惊异，间或也有几句插话，纠正他的消极看法。

那女郎批评他不该缺乏信心，指出坚强的意志和聪明的禀赋就是他的优势和资本，勉励他只要充满信心，勇于实践，就一定会成就一番事业，就一定能赢得人们的爱戴。

这位与阿尔弗雷德年龄相仿的少女，在他的心目中建立了一个十分完美的形象。她既是温柔体贴的大姐，又是循循善诱的导师，更是品行高尚的天使。

就这样，他们相识了。从此，他们经常在塞纳河畔漫步，在公园的长凳上长谈，在长满七叶树的林荫道旁亲吻……

他们常常见面，总是有说不完的话，在频繁的交往中，尝到了爱情的甜蜜和欢乐。阿尔弗雷德在一首小诗中写道：

我怀着从未有过的喜悦感，

又一次同她见面了。

从那以后多次幽会，

我们已经谁也离不开谁。

尽管他们在情感上难舍难分，如胶似漆地爱恋在一起。但是，命运之神却残酷地将他们拆开了。他们相爱不久，这位少女便一病不起，突然离开了人世。

当时，阿尔弗雷德悲痛欲绝，整天一个人躲在屋子里，靠缅怀和回忆心上人，来打发那令人难熬的时日。这沉重的打击，在他原本就有些灰暗的情调上，又涂上了浓黑的一笔，致使他在相当长的一段时间里，情绪低落，精神颓丧。

这就是他短暂的初恋，也是他一生中最值得怀念的爱情故事。

1875年，也就是阿尔弗雷德42岁那年，在奥地利首都维也纳一家最大的报纸上，登出一则招聘广告：

居住在巴黎一个有钱的、受过高等教育的老绅士聘请一名懂得几门语言的成年女士当他的秘书兼管家。

看罢这则广告，人们一定会以为，是一个阔佬想廉价找一个姘妇，要不就是一个老光棍不择手段地寻觅配偶。

谁也不会想到，那个"有钱的、受过高等教育的老绅士"，竟是一向醉心于科学发明和发展实业，生怕有人打扰，对人若即若离，孤僻成性的阿尔弗雷德；更不会想到，起草这则广告的执笔人，不是出于对他婚恋的关心，或者爱搞恶作剧的朋友，而是他本人。

阿尔弗雷德在起草这则广告时，不是没有意识到，有引起误解的危险和招致干扰的麻烦。这位老成持重的绅士，所以敢于干这件生平第一次与他性情相悖的冒险事，是因为在他潜意识中希求一种机遇，期望能得到命运一再对他吝惜的东西。

广告登出后，阿尔弗雷德虽然并不抱多大的希望，但他仍怀着几分好奇心，等待着应聘的信息。

果然不出所料，广告在社会上产生了误解和歧义。一些自作聪明的成年女性，自以为只有她才深谙广告的寓意，加之那"有钱的、受过高等教育的老绅士"不容忽视的诱惑力，于是，一时间响应者趋之若鹜，应聘信纷至沓来。有人刻意炫耀女性之美，有人陈述持家之能，还有人在字里行间巧妙地传情，但是，她们都避而不谈如何履行秘书的职能。

　　一天，阿尔弗雷德看到一封署名为贝尔塔·金斯基女伯爵的信，立刻引起了他的兴趣。那封以法文写成的信件，语法严谨，措词恳切，不卑不亢，谦虚而又不失自信，简直无懈可击。信中介绍自己是个贵族出身的奥地利人，一个33岁女单身。

　　看完那封信后，那迷雾般女人的身世和遭遇，更加引起他进一步探究的兴趣，一个出身名门的女伯爵，为什么33岁还不嫁，为什么要远走他乡去当女秘书？

　　他当即用英文写了封回信，向她简单地介绍了自己的情况，告诉她自己的工作飘忽不定，并附带地讲了自己的爱好和厌恶。

　　他的信换来了对方情调高昂、乐观自信的回音，使他顿时变得小心谨慎起来，依稀觉得她是个恃才高傲、不好对付的女人。所以在下一封复信中，他采取更加务实的态度，以他特有的含蓄和幽默，提出他用人的条件和标准。他指望请个人来当秘书和管家，而不是请个来管束他的家庭教师和保姆。

她在下次回信中，收敛了锋芒，显得很含蓄、很隐晦，暗示自己在生活中屡遭挫折和不幸。这寥寥数语，越发引起阿尔弗雷德的深思。这个云遮雾绕的女人越来越成为颇难猜测的疑谜。

最后，阿尔弗雷德用简短公文式的信函，结束了考查性的书信交往，直截了当地说明工作要求和报酬，并问贝尔塔何时启程。对方回答更为简短："立即启程。"

在人际交往中，人们往往都希望对方具有优美的形象，这大概就是人的天性中的一种审美追求吧。如果交往发生在异性之间，那么这种追求就更加强烈，即使是与情感毫不相关的公事交往，也概不例外。

那天，在阿尔弗雷德驱车前往巴黎火车站去迎接贝尔塔途中，一路上他不停地观看着过往的女人，想把心目中想象的贝尔塔形象，与过路的某个巴黎女人相印证。

他这么做的时候，心里觉得有点荒唐可笑，他请的是一位秘书兼管家，只要能称职，对方形象如何与他有什么关系呢？

　　尽管理性嘲笑他荒唐，但当一位身段苗条、亭亭玉立的女人走出月台，笑容可掬地伸过手来，说"我是贝尔塔·金斯基"的时候，他依然又惊又喜。

　　出现在他面前的这个女人，绝不像他想象中的那么严肃和高傲，而且也不像30岁出头的女人。她温柔典雅，光彩照人，看上去就像个20岁左右的姑娘。关于贝尔塔的美丽形象，美国传记作家尼古拉斯·哈拉兹在《诺贝尔传》中做了生动而又细腻的刻画：

　　她长得很漂亮：微微扬起的鹅蛋脸上，秀气而挺直的鼻梁是那么匀称，使整个面庞和谐得简直令人吃惊；右眼似乎比左眼略大，因而右眉微拱而左眉平直，深褐色的头发遮掩起稍稍隆起的前额；红润的双唇间露出两排洁白的细齿，嘴角挂着不加掩饰好奇的微笑，然而又是友好的。

　　贝尔塔·金斯基乍见阿尔弗雷德时的惊讶程度，绝不亚于阿尔弗雷德对她的反应，她在回忆录中写道：

　　……（他）给我留下愉快的印象。实际上并不是一个白发苍苍、年迈力衰的'老绅士'——如同广告所暗示的那样，根本不是。……他那时才43岁，身材中等偏低，满腮胡子，相貌不难看也不漂亮，一双碧蓝的眼睛温和而善良，使他的表情不显得过于惆怅，讲话的语气交织着抑郁和讽刺。

总之，他们初次见面时，彼此的印象都很好，加以主人的礼遇又很周到，双方很快便产生好感。他们很谈得来，尽管对问题的看法不尽一致，但他们却有许多共同感兴趣的话题。她很爱倾听他的谈话，因为她发现他的谈吐富有哲理性和感染力。对她来说，听他的谈话，简直就是一种知识上和精神上的享受。他的谈话不仅领域宽广，而且见解深邃，蕴含着高深的人生哲理。

他纵论世界与人类，生命与艺术，瞬间与永恒。他谈论他回避社交生活的遁世态度及其原因，是基于对世人的肤浅、虚伪、轻薄的深恶痛绝。他确信，多数世人没有把他自己的潜力发掘出来，或者虽然发掘了一些但又使用不当。他认为，一旦人的智力被更好地开发出来，人类会变得更加高尚。他谈论他的追求和志向，他说，他的研究，他的书籍，他的实验——这些就是他全部生活的内容。他说他正在从事一项新发明："我希望造出一种物质或者一种机器，它极大的破坏力将使战争不可能发生。"

大凡男女之间的私人交往，可分为知趣、知心和知情三个阶段。

知趣就是兴趣相投，有共同的爱好和谈论话题，达到这种程度可算做一般的朋友；知心就是彼此交心，介绍自家身世、生活经历和内心的追求与苦衷，进行全面心灵上的沟通，达到这种程度可算做知心朋友；知情就是谈情说爱。这个阶段与前两个阶段略有不同的是，前两个阶段往往都具有互动性，即双方都对某件事感兴趣，双方都愿意谈心里话，而后一阶段往往是交往的一方先采取主动，其结果如何，视交往另一方的相应反应而定：当对方表示反对时，两人就该分道扬镳了；当对方乐于接受时，双方便建立了超越友谊的爱情关系。

如果上述分析是正确的话，那么阿尔弗雷德与贝尔塔的交往，很快就达到了第一阶段。但是，他们的友谊向第二阶段发展时，却并不那么顺利。诚然，贝尔塔坦率地向他介绍了她的身世：她外祖父是一个默默无闻的贵族，又是一个名不显赫的诗人；父亲是个英年早逝的中将衔军官；母亲是个曾想当歌手的赌徒，整天与无所事事的富翁和投机家们聚赌；她本人是在父亲的一个朋友——一位守旧的奥地利贵族的法定监护之下长大成人的。不过，涉及她个人隐私时，她是避而不谈的，比如，一个漂亮、活泼，能歌善舞，有文化、有教养，而且早就踏入上流社会，交游遍及欧洲的女人，为什么拖到33岁还没有结婚？这个心照不宣的问题，是阿尔弗雷德一直关注的，同时又是贝尔塔一再回避的谈话禁区。

一天，阿尔弗雷德去旅馆接她，发现她眼睛哭得又红又肿，想找点话来安慰她，便谈起自己童年时饱受疾病折磨的痛苦经历。当谈到情感最冲动时，他送给她一首倾诉他童年不幸的长诗。这首富于哲理性长达百页的长诗，实际上是以诗体写成的日记，这是阿尔弗雷德一反他懦弱、缄默的常态，大胆地向贝尔塔打开自己多愁善感的心扉。长诗中有这么一段：

你说我是一个谜——也许是，

我们全都是不可解的谜，

从痛苦开始，以深重的磨难终结。

人们啊，为什么要来到尘世？

渺小的欲望把我们拘禁在地球上，

崇高的思想把我们举上天际，

还骗我们说：

就像灵魂永不灭……

阿尔弗雷德满以为，对她一诉衷肠，便可开启她的心扉，不料她继续保持沉默，出于同情心，直截了当地问她，是否结过婚。在这种情况下，她只好将一直回避在婚恋问题上的遭遇和不幸和盘托出。

贝尔塔曾遇到过几个向她求婚的男人，可是不知是生活中的偶然巧合，还是命运有意同她开环笑，作为终身配偶，年龄不是偏高便是偏低，只有一个年貌相当的，还因一次水上交通事故，造成阴阳分离的悲剧。

在贝尔塔18岁那年，经监护人的极力撮合，她与一位比她大34岁的银行家订了婚。这位52岁的老相公，利用单独与她幽会之机，对她一阵粗暴的狂吻，把她从自己的身边赶跑了，因为她死也不愿将初吻献给比她父亲年龄还大的老家伙。

接着，又有一位母亲的赌友、年迈体衰的那不勒斯亲王向她求婚，又被她拒绝了。

在贝尔塔25岁那年，一位声称是澳大利亚百万富翁的瘸脚老人，替他年仅18岁的儿子正式向贝尔塔求婚。在举行订婚仪式那天，女方家大宴宾朋，可是男方父子却迟迟不到场。正在大家等得不耐烦又无计可施的时候，一个男仆递上一份电报。澳大利亚的大富翁从伦敦来电，为他父子不能赴宴而致歉，说他的儿子只有16岁还不到结婚年龄。就这样，贝尔塔一家蒙受奇耻大辱，她本人也因被戏耍气得死去活来。

随后，她在一次联谊会上结识了一位出色的男高音歌手，他俩的二重唱配合得极其和谐。这位歌手是奥地利贵族，两人门当户对，年貌相当，一见钟情。

他向她求婚，她征得母亲的同意，便慨然应允。于是，双方宣布订婚。

阿道夫一心想当个职业歌唱家，他的双亲虽然勉强同意，但考虑到此行有辱于门风，以不得在欧洲登台演出为条件。因此，他只好漂洋过海到美洲去寻求发展，一旦立住脚，便接贝尔塔前往。两位恋人高高兴兴地分手不久，贝尔塔等来的却是令她心碎的噩耗：年轻的亲王突然葬身海底！

祸不单行，福不双至。不久，贝尔塔的母亲因赌运不佳，把全部家产输个精光。母女俩被迫搬到一个小镇，靠着政府逐年供给的抚恤金，过着清苦、孤寂的生活。

贝尔塔不甘寂寞，自信依靠自己的聪明才智能闯出一条路来。她到了一位有四个女儿和两个儿子的男爵家去当家庭教师。在这个家庭里，她结识了比她小7岁的二公子阿瑟。他是一个能诗善画，又能弹一手好钢琴，还会谱曲多才多艺、英俊、可爱的青年。两人一见钟情，双双坠入爱河。不久，两人相爱的秘密被男爵夫人发觉。她以上流社会贵族妇人所特有的礼貌和矜持，暗示了她反对幼子与家庭教师的恋爱关系。

在遭到家庭反对的情况下，贝尔塔只好决定离开这个家。就在这个时候，那家女主人让她看到了阿尔弗雷德登在报纸上的那则招聘秘书兼管家的广告。

自从贝尔塔来到阿尔弗雷德身边以后，不断地有消息传来，阿瑟对她的出走感到十分悲痛，每天神志恍惚，痛不欲生。

目前，她之所以精神不振，心事重重，她之所以对她所景仰的男主人分外热情，明明察觉而又无动于衷，其原因就在于，她心里的创伤未愈，她还受着斩不断的情丝困扰。

这就是贝尔塔向阿尔弗雷德讲述的她个人在婚恋问题上的不幸遭遇。至此，他们的友谊便达到了第二阶段，他们算得上知心朋友了。

听罢由一连串不遂心的经历所构成的故事，阿尔弗雷德缄默了。他想，那场受家庭反对的婚事是注定不会成功的，要是再拖延下去，除了招致无穷的忧患和悔恨，除了在心灵上给自己留下痛苦的伤痕之外，不会有什么好结果的。阿尔弗雷德考虑再三，决定向这位身陷困境的姑娘提出个不避嫌疑的建议：希望她断绝与阿瑟的关系。

贝尔塔虽然心里感谢他的同情与关怀，但也并没立即采纳他的建议，听罢他善意的规劝后，她一声不响地走回了自己的房间。

阿尔弗雷德认为，她的态度是作出重大决定前的犹豫，并没有从根本上否定他的建议的意思。他所以这么想，是因为他提出那个"一刀两断"的建议，除了出于对那位善良而伤感的姑娘表示深切的同情外，也绝不能排除他潜意识中存在着个人的愿望和动机。他希望他的建议能引起她的深思。

他们的关系面临着向新阶段迈进的艰难期。第二天，阿尔弗雷德按计划要去斯德哥尔摩参加一家新的达那炸药厂的开工典礼。但他在临行前迟疑了，他不愿在她作出重大决定前离开。因为这决定对她未来的命运至关重要，同时对他自己的命运也不是无关紧要。他考虑的结果，觉得自己无权影响她的决定，便采取了"诺贝尔式"的消极做法，顺其自然，听天由命。最终他还是启程去了斯德哥尔摩。

阿尔弗雷德没有对贝尔塔的抉择施加积极的影响，而一封来自维也纳的电报，却对贝尔塔的抉择产生了决定性的影响。电文是："没有你，我无法生活。"

贝尔塔立即作出决定，不辞而别，赶赴维也纳，在城郊乡下的一个小教堂里，悄悄地同阿瑟举行了婚礼。

阿尔弗雷德为她的轻率行动感到惋惜，自己也有点懊丧。但是，知情的旁观者却更替阿尔弗雷德惋惜，由于他的懦弱和消极，错失了一个天赐良机。

1876年，阿尔弗雷德在维也纳遇到了一个企业界的朋友，要他去自己的别墅吃顿午饭。赴宴途中，他走进一家花店，想给女主人买束鲜花。

他怎么也没有想到，跨入花店门槛的一步，竟是困扰他长达18年之久马拉松式情感纠葛的起步。

他刚走进花店，一个年轻美丽的姑娘便满面春风地迎上来，见他说不清该买束什么花，就主动地为他当参谋，问他女主人的婚姻状况、年龄以及与他的关系。她如此满不在乎地打听别人的私事，使阿尔弗雷德感到她憨直得好笑，也不同她计较，当即据实做了回答。

在他们一问一答的对话中，他被那姑娘优美的姿态给迷住了。她实在太美了，黑油油的秀发从头部中间向两边披开，弯弯的细眉下面闪烁着一对淡蓝色的眼睛。这双眼睛半遮半掩地藏在又长又密的睫毛下，顾盼自如，所流露的既不是思想，也不是感情，仿佛完全与外界无关，只是表明自身的存在。他还注意到她那像没有骨头的小猫一般柔软的身姿，动作伴随着倦态的妩媚。红红的嘴唇微微张开，露出一线白齿，讲话的声音仿佛蒙着一层轻纱，又仿佛发自梦境。

阿尔弗雷德约她饭后一道去郊游，她高兴地答应了。她就是莎菲娅·赫斯。

那天郊游时，莎菲娅与阿尔弗雷德并骑漫游在林间小道上，面对富有诗情画意的自然风景，她似乎并没有多大兴趣，她急于了解的是，阿尔弗雷德所从事的职业，是不是有钱，结没结婚。她絮絮叨叨地诉说着她寒贱得近于悲惨的家世，父亲是个愤世嫉俗的小商人，母亲是个贪婪的、工于心计的家庭妇女，另外还有3个貌不惊人的妹妹。母亲把希望寄托在4个女儿，尤其是出落成美人的大女儿身上，指望有朝一日被哪个阔佬看中，从而使她家时来运转。

这姑娘讲起话来既坦诚又粗俗，显得傻气十足。阿尔弗雷德除了被她的美丽所陶醉外，对于他自己所表现出的耐心感到很惊讶。

这个女孩在阿尔弗雷德心目中留下的印象非常鲜明，她美丽绝伦，但俗不可耐。这种印象使他对她的态度也复杂化了，她外貌俊美使他眷恋；性情庸俗使他厌烦。正是这两种截然相反的态度，使他俩的关系一直处于合不拢又分不开的矛盾状态。也正是这种矛盾困扰阿尔弗雷德18年，使她成为他经济上和精神上的负担和累赘。

阿尔弗雷德与莎菲娅相识不久，他给了她一笔数目可观的银行存款，期望她能改变一下生活方式，提高一点文化修养。他这么做的出发点，并非是想在两人间建立更加亲密的关系，而是把对她的接济只当做一项善举，指望她或许能有个满意的归宿。

对莎菲娅来说，这突然临门的好运，使她感到一阵如获至宝的狂喜之后，随即又感到不安和难以置信。她想，这一切是不是一个对生活厌倦的富翁逢场作戏？是不是凭一时的心血来潮对他人的一点施舍和接济？想到这一点，她就怕得要命，她希望得到阿尔弗雷德的爱，以便确立她对他永久性的依赖关系。

这是莎菲娅从一开始就打定了的主意，并且在他们以后长达18年之久的交往中，她一直也没有改变的主意。改变主意的倒是阿尔弗雷德。起初他是清醒的，他曾一再警告过自己，不管她的外貌多么迷人，可是她那难以改变的庸俗习性，无法使他们走到一起。因此，起初他只是出于善心给她一些接济，希望能改变一下她的现状，仅此而已。然而，随着交往的增多，莎菲娅那简单而又坚定的主意以及她那与日俱增的魅力，逐渐地激发他的情感，同时也渐渐地使他失去了理智，一步一步滑入难以自拔的情网。

作为这种趋势的佐证，不仅体现在他经常去看望她以及双方频繁的书信来往，而且更体现在他作出对他们之间的关系产生重大影响的两项决定。

第一项决定是，阿尔弗雷德在巴黎为她准备了一套住宅，并雇了一名女仆、一名厨师，还聘了一位旨在提高她文化水平的家庭教师。

莎菲娅来到巴黎那个舒适、安逸的住所那天，高兴得像只归巢的小鸟，张开双臂扑到阿尔弗雷德的怀里。这一瞬间，她施展的爱情魔力终于使那位理性很强的发明家失去了自控，使他感到"这一刻就是永恒"的甜蜜。

从那以后，他们的爱情关系进入了令人生厌的矛盾时期：他们开始争吵了。

莎菲娅喜怒无常的情绪变化，伴随着他们亲密愉快的交往。她抱怨阿尔弗雷德不肯多花时间来陪她，闹着要同他一起去外地办事，一起去他忙碌而又危险的实验室。她拒绝阿尔弗雷德精心为她安排的各项有益的事情，她不肯花时间去观赏巴黎市容，对那些引人入胜的建筑和风景毫无兴趣；她讨厌家庭教师的教导和指点，总是拉她陪着上街买东西。为此情人间曾多次发生争论，争论过后又和好如初。

不久，莎菲娅病了。阿尔弗雷德突然感到心头涌起一阵对这位姑娘的感激之情，同时产生了一种抑制不住的欲望，要为她作一次牺牲。于是，他又作出第二项决定，领她去斯德哥尔摩见他的母亲。

可是，在动身去斯德哥尔摩的日子临近的时候，他又开始后悔当初不该作出这个轻率的决定。因为他预料到把这样一个俗不可耐的姑娘介绍给母亲，一定会使老人家非常伤心。若反悔吧，又怕得罪了莎菲娅，伤害他俩之间的感情。他为此食不甘味，寝不安枕，却想不出能向她解释清楚而又不至于伤害她的办法。

幸亏莎菲娅本人对这项决定感到一阵狂喜之后，她对能否经受住阿尔弗雷德母亲的审查，进而取得老夫人的欢心这件事，感到恐惧和不安。无论是母亲派妹妹来面授机宜，还是阿尔弗雷德侧面的提示，凡一切有关应付这次重要会见的良策和规劝，都使她更加恐惧和心烦。临近时，是她主动提出放弃这次会见。这才去掉阿尔弗雷德心头上一个沉重的负担。

那一年，为庆祝老母的诞辰，诺贝尔一家在斯德哥尔摩团聚。在享受天伦之乐之际，阿尔弗雷德突然发现，如果此时此刻粗俗的莎菲娅在场，与两位有教养的嫂嫂相比，多么不般配，把她放在和睦的家庭成员之中，多么不协调。那样做肯定会毁掉母亲晚年的幸福，想到这儿，他不寒而栗，同时，他心头闪过决然的想法，中断与莎菲娅的关系！

但是，他后来的表现证明，他这个决心是很难实现的。尽管莎菲娅到处游荡，挥霍无度，使他感到很苦恼，但当她那明亮可爱的眼睛恳切地望着他的时候，与她决裂的决心顿时化为乌有。她的天真、任性、受着本能支配的习性，又勾起他的怜爱和同情，这也许是他这个孤独人急需爱情庇护的缘故吧。

如果说，阿尔弗雷德对莎菲娅的不满和抱怨，是由于

105

她因缺乏教养而流于庸俗，由于庸俗所导致的对低级趣味的追求，以及对他所从事的事业不理解，而没完没了地纠缠的话，那么，莎菲娅对阿尔弗雷德的不满和抱怨，则是由于他太顾自己的事业而很少顾她，不肯整天与她厮守在一起，甚至也不肯多花一点时间陪她，去痛痛快快地享受生活的乐趣。

她根本就不知道他的时间是多么宝贵，她把他必须参加的会议和必办的事务看成是讨厌的东西，甚至看成是躲避她的借口。她不理解，他已经那么有钱，为什么不痛痛快快地享受生活，却整天没完没了地拼命？

对此，阿尔弗雷德曾写信责备过她：

一个非常忙碌的人，让一个姑娘拖累着，这个姑娘根本不了解别人，却来干预他的正常工作。你难道不能理解这是一个多么可怕的负担吗？

责备莎菲娅，等于对牛弹琴，她根本不可能理解。她对上述的信所能理解的程度，只不过是"既然你怕我干预你的正常工作，我不让你陪我，行了吧？你不陪我，我只好自己玩喽！"

于是，她在巴黎住不了多长时间，便抬起腿扬长而去，到处漫游，寻欢作乐。每隔一段时间，阿尔弗雷德就不得不寻踪尾追，而每追一次他便大发其火。他写信责备道：

当我想到你不得不一个人在世界上到处漂泊的时候，我的心要碎了。但对此你只能责怪你自己。几年来，我一直提醒你，你应该找一个女伴。你不听我的劝告，使我们两人都吃尽了苦头。如果你有了一个女伴——为人要善良可靠，我就不必像一个护士那样跟在你后面在欧洲到处转悠，我和你在一起的时间也许就可以更多了。

阿尔弗雷德这种婆婆妈妈式满含深情的抱怨和责备都没用，她不理解，自然也就谈不到接受和领情了。她变本加厉地放纵，得寸进尺地提出要求，她决定不在巴黎而在瑞士的蒙特过冬。

起初阿尔弗雷德表示反对，并写信劝她别那么做。后来，他想到这位年轻的姑娘需要确确实实的爱情，而他又不能满足她的要求，于是他建议她找一个愿意与她结婚的年轻的爱人。

你年轻、温柔、善良的心灵渴求着爱情，你发现我的爱情太淡薄了……我再说一遍，努力去赢得一个善良、纯朴的人忠贞不渝的爱情，并建立一个真正的家庭吧。你多病，很可能是由于没有得到这样的爱情，感到寂寞、失望而引起的。

可是，这封信寄出后，他立即反悔，便在下一封信中声明这个建议是说着玩的，并且答应她在瑞士购买别墅的要求。

他买下那座别墅之后，唯恐与她同居会引起邻居的流言蜚语，有损于她的名誉。因此，他们假装是正式夫妇，阿尔弗雷德在写给她的信和打给她的电报都称她为莎菲娅·诺贝尔太太，莎菲娅也用同样的名义写信、发电报。这样做似乎是无可厚非的，不料很快他便感到懊悔，从此他们的关系一发不可收拾。

就这样，在阿尔弗雷德的训诫、抱怨、责备与怜悯、妥协、宽容交替交换的二重奏中，莎菲娅在人生游乐场中，穷奢极欲，纵情放肆。

1891年，莎菲娅来信告之，她已经怀孕了，孩子的爸爸不是阿尔弗雷德，而是一个匈牙利贵族出身的骑兵军官。

尽管莎菲娅的行为有损于他们早已存在的关系，但是阿尔弗雷德还是以他的宽容和怜悯，接受了这个令人惊异的结局。他通过双方律师的磋商，达成了一项协议，他愿意支付一笔数目可观的终身年金。

至此，这个漂亮而粗俗的女人对他精神上的干扰大为减少，但对他的纠缠并没彻底解除，直到他死后，她还在遗嘱问题上大做文章，狠敲了一下竹杠。

生命最后的两项工程

阿尔弗雷德晚年虽然病魔缠身，但是他依然为科学研究和实业发展而到处奔波。长期积劳成疾，终于把他的身体压垮了。

1896年10月，他的健康状况日益恶化，不得不到巴黎去医治和疗养。他一躺在病床上，就像童年时代一样，整天冥思苦想，思索宇宙、人生和自身的意义。不过，与从前不同的是，当他想到自己的时候，再不是把思路引向未来，而是把思路拉回到过去。这好比临场答卷的考生，刚进考场时，是在一张空白的卷子上填写答案，在人生这场考试中，这相当于青少年时期；等到把全部试题都答完了，原来空白卷子也差不多都写满了，这时考生该做的事就是检查、核准答案，发现有重大纰漏．立即补充和纠正，这在人生之旅中，相当于垂暮时期。此刻的阿尔弗雷德正是处于人生的晚期，他在检查自己的人生答卷，检讨自己的所作所为，看看是否符合自己确立的做人准则和道德规范。

回顾过去，他感到遗憾的是，他没有抓紧时间向世人表明自己真正的性格和形象，表明他一生奋斗的真正动机和愿望，表明他在生活中所遭遇的挫折和创伤。这些挫折和创伤使他那颗隐隐作痛的善良心灵，不得不裹上一层世俗通用的保护膜。于是，世人也就看不清这个灵魂圣洁的伟人的真实面目。

现在，在健康状况急剧恶化时，他预感到自己的时间已经不多了，应抓紧时间向世人展示他真实的形象和心灵。

早在青年时代，他就确立了为人类造福的人生目标。他在自己一生的实践中都力求实现这个目标。不过，他十分担心自己实践的动机可能被人们遗忘和歪曲。比如，他担心世人会把他的名字同军火商人联系在一起，误认为他孜孜以求地发明火药和兴办火药产业，为的是牟取暴利。

看来为了向世人展示他的真实形象和行为动机，关键在于他如何处理积聚的大量财产，而这又取决于他的遗嘱。

问题是在他的遗嘱中如何体现他为人类造福的初衷，也就是说，怎么处理他身后遗留的巨大财产，使之有益于人类福利事业。对这个问题，他的认识是逐步深入的：

第一步是确定遗产分给谁的问题。基于他一贯的"平民主义者"思想，他认为："大量的遗产，对于多数人来说，是一件祸害。凡拥有财产的青年，他们的前途注定是要毁坏的。"因此，他不打算把遗产分给亲友，而全部作为奖励基金捐献给社会。

第二步是确定用这笔基金奖励谁的问题。起初，阿尔弗雷德只打算把全部奖金用来鼓励献身于基础理论研究的科学家。因为他一直认为，一些从事基础理论研究的学者不同于技术专家，他们很难从自己的研究成果中得到经济实惠，所以他想以巨款支持他们把基础理论研究工作坚持下去。

后来，他从布朗热的政治事件与安德烈的科学探险事件中，从正反两方面认识到，倡导与提高社会理性和引导与控制群众激情，对实现人类和平与进步事业的重要性。

布朗热是一位英俊潇洒的法国将军，曾出任过陆军部长，是一位道德败坏、善于投机的政治骗子。他以英俊的仪表和高超的骗术，赢得了军界和巴黎市民的普遍欢心和拥戴。1889年1月27日总统大选那天晚上，巴黎市民拥向街头，兴高采烈地高唱着对布朗热的赞歌，等待着选举的结果，巴望着作为总统候选人之一的布朗热能在竞选中获胜，入主爱丽舍宫。可是在这决定他政治命运的紧要关头，他却藏身于总统官邸附近的一家豪华宾馆，被他那心爱的贵族情妇拥抱在怀里……

　　这个欧洲最有智慧的民族，对于一个英俊的将军竟如此激动、如此狂热，甚至不计个人、国家和民族的命运，心甘情愿地追随他走向为盲从者所设置的陷阱和深渊。这使富于理性思维的阿尔弗雷德感到异常惊讶，他从未意识到，一个政治风云人物竟有如此巨大的魔力，能像牧羊犬驱赶羊群那样，使紊乱的群众心理和行为形成流行的趋势；而那狂热的群众激情，一旦被政治骗子和战争狂人所利用，又会像决堤的洪水一样荡涤着社会理性，进而成为和平与进步事业的大敌。

　　安德烈是瑞典杰出的发明家和冒险家。他制造过一些气球，上面装配了牵引绳、导向绳和风帆，在美国和欧洲成功地进行多次飞行试验。后来，安德烈赴北极的科学探险活动，引起了公众的普遍兴趣和关注，在社会上产生了轰动效应。阿尔弗雷德从中受到了启发，使他找到了把群众的激情引向正路的方法。

于是，他设立奖金的基本宗旨和细则的思路明晰了：把它作为推进人类和平与进步事业的动力。具体做法是，通过奖励的办法，为群众寻找和树立社会领袖和科学精英。

前一种人是站在时代的前列，高瞻远瞩，为世界和平与人类幸福，率先垂范，艰苦奋斗，并能把群众的激情引向正道的领袖；后一种人是科学领域无私无畏的探索者，为人类的文明与进步孜孜不倦地追求真理的英雄。

1895年11月27日，阿尔弗雷德基于上述思想，在巴黎亲笔写下了他最后的遗嘱。该遗嘱的要点是：

"我所留下的全部可变换为现金的财产，将以下列方式予以处理：这份资本将由我的执行者投资于安全的证券方面，并将构成一种基金，它的利息每年将以奖金的形式，分配给那些在前一年里曾为人类作出最大贡献的人。上述利息将被平分为5份，其分配办法如下：一份给在物理方面作出最重要发现或发明的人；一份给作出过最重要的化学发现或改进的人；一份给在生理和医学领域作出过最重要发现的人；一份给在文学方面曾创作出有理想主义倾向的最杰出作品的人；一份给曾为促进国家之间的友好、为废除或裁减常备军队以及为举行与促进和平会议作出过最大或最好工作的人。物理和化学奖金，将由瑞典自然科学院授予；生理或医学奖金，由在斯德哥尔摩的卡罗琳医学院授予；文学奖金，由在斯德哥尔摩的科学院授予；和平战士奖金，由挪威议会选出的一个5人委员会来授予。我明确的愿望是，在颁发这些奖金的时候，对于授奖候选人的国籍丝毫不予考虑，不管他是不是斯堪的纳维亚人，只要他值得，就应该接受奖金。"

在死神一步步地向他逼近时，阿尔弗雷德急于想完成的有两件事：一件是财产的处理问题，它随着遗嘱的确立已圆满地解决了；另一件则是一般人都想象不到的，他着手写一出名为《复仇女神》的四幕剧。他要把这部剧本作为精神财富留给人间。

在他的心目中，遗作与遗嘱是同等重要的，遗嘱是对人类的鼓励，意在把群众的激情引向人类福利事业。遗作则是对人类的警告，意在提醒世人警惕与抨击亵渎人性的丑恶灵魂。

阿尔弗雷德想用戏剧的形式表达一个骇人听闻的主

题：谋杀一个道德败坏的父亲，在道义上是正义的。

阿尔弗雷德写的戏剧的情节是由雪莱的诗剧《钦契》脱胎而来的。雪莱原作的故事梗概是这样的：

有个老头子一生荒淫无耻，无恶不作，最后发展到对子女怀有不可理喻的恶意。他对一个女儿产生了乱伦的情欲，随着每次兽行而变本加厉。这个女儿长期以来一直无法挣脱精神上和肉体上的双重玷污，最终与继母、兄弟合谋，杀死了家中共同的暴君……

在阿尔弗雷德笔下，受凌辱的女儿比阿特丽丝的复仇怒火更炽烈，复仇的手段更残酷。当那个人面兽心的父亲老钦契被她雇用的两个帮手抓住的时候，她把两个帮手推到一旁，披头散发疯狂地高喊道：

"我——你的受害者，现在来了。你这个万恶之首，难道会以为我不折磨你，就立刻把你杀死，把你送进地狱吗？你打错算盘了。马齐奥（她的一个助手），把熔化的铅水给我拿来。我要一滴一滴地灌进你的耳朵，你的剧痛将给我带来满心的欢乐。我一生都在盼望着这个幸福时刻。你这个卑鄙的坏蛋，从我的声音里你还能听到所有的受害者都在控诉吗？"

面对着比阿特丽丝残暴的复仇行为，她雇用的两个帮手，也吓得目瞪口呆，失魂落魄。

人们读到这个剧本感到十分震惊，他们不理解，具有深沉持重的性格和对文艺作品有着很高鉴赏力的阿尔弗雷德，怎么会写出那样不堪入目的场面？而又丝毫没有怜悯和同情，他的心头怎么会郁积那么大的忌妒和仇恨？以至他坚信观众面对这种恐惧的场面不会感到厌恶和哗然。从他对剧中恶人悲惨下场所流露出幸灾乐祸的心情，不难看出，积压在他心头的愤怒是多么沉重，多么难以忍受！因此，他在写作过程中，仇恨凝结在笔端不吐不快，完稿后又如释重负，感到精神上无比满足。

但是，人们并不理解他的苦衷，对他的剧本予以否定。这个剧本曾以胶版印刷了50本。在他去世后，亲属们觉得发表这部剧作有损于他的声誉，便把大部分剧本销毁了，据说只保留了3本。

不言而喻，阿尔弗雷德剧本的出台是他郁积在心头的怨恨情感的袒露。对这种情感的由来，人们的看法并非一致，不少人往往从阿尔弗雷德的父子关系来寻找答案，其中不免夹杂着恶意猜度和谤议。其实，这纯属庸人之见。诚然，诺贝尔父子性格不合，在维系个人名誉上也存在过分歧，但是，这些有案可稽的原因不足以解释，为什么他心头积压着那么强烈的怒火？

　　看来只有一种解释能说明这个异乎寻常的问题，这就是在阿尔弗雷德心头的不仅仅是私愤，而主要是与他的善良天性绝对不能相容的公仇。当然，这种公仇与私愤不能截然分开。但是，公仇主要是由于社会正义感和人类丑恶行为的激烈冲突所产生的深仇大恨，它是人性觉醒的一种标志。

　　如果说阿尔弗雷德的遗嘱是一道神人显圣的灵光的话，那么他的遗作则是这神人灵魂依托的祥云，循着它可以发现他心灵的隐踪和情感的轨迹；如果说阿尔弗雷德的遗嘱是他外在行为动机的结晶的话，那么他的遗作则是他内在情感的升华。通过遗嘱和遗作，他把爱和憎留给了人间。

　　1896年12月10日，阿尔弗雷德·诺贝尔与世长辞了。在临终前，这位发明家和实业家，终于完成了他生命最后的两项工程，把他完整的人格和形象，连同他的发明成果和巨大财富，毫无保留地献给了人类。他洁身而来，又净身而去，尽管让世人看到的不一定是个"完人"，但却是一个真实的"全人"。

世界五千年科技故事丛书